観音・地蔵・不動

庶民のほとけ

角川文庫
24255

はじめに

仏教がわが国の文化の中で大きな役割を果たしていることを疑う人はいないだろう。仏教は、釈尊の故地インドに源を発し、中国・朝鮮半島を経てわが国に伝わり、多くの祖師たちの血のにじむような努力によって百花繚乱たる日本仏教を形成してきたのである。近年、「信仰」という概念を明確に持っている人の絶対数がやや減少傾向にあるとはいえ、日本仏教の表層を占めているのは、「弥陀《みだ》の本願《ほんがん》」、「即身《そくしん》成仏《じょうぶつ》」、「法華一乗《ほっけいちじょう》」、「只管打坐《しかんたざ》」などの言葉で代表される仏教の思想教義と、それに基づく実践体系である。

それは確かに事実であるが、特定の信仰や宗旨を離れて、普通一般の人々が仏教に触れるのは、姿や形をとって現れたほとけたちであることが多い。そして、これらのほとけたちに、われわれの日常生活から生じてくる様々の願いを託することによって、人々は「仏教」に接しているのである。つまり、基層としての仏教は、難しい思想教義を理解することから始まるのではなく、独自の性格と特色を持つほとけとの関わりの中から生じてくるといっても過言ではない。

このような庶民のほとけたちの中から、ビッグスリーともいうべき観音菩薩・地蔵菩薩・不動明王の三尊を取り上げ、その「成立と展開」、「図像表現と美術」、「信仰の今と昔」の三点から立体的なスポットをあてたのが本書である。

この三尊は、それぞれ複雑な成立・展開の歴史と、人々の要求を満たす様々の姿や形を持っている。また、わが国を中心に、個別の寺院や仏像と結びついた興味深い伝承が数多く残されている。それらを通観すると、三尊それぞれが独自の思想と性格を備え持っており、昔から現在に至るまで、役割に応じてほとけたちを適宜取捨選択していた庶民の生活の知恵の一端をうかがい知ることができる。

ともあれ、観音・地蔵・不動という人気のある三尊を中心に、今もなお、われわれ日本人の心の地下水として基層の部分で仏教を支えている庶民のほとけの全体像に、少しでも関心を持っていただければ幸いである。

本書では、著者の専門分野の関係もあって、主に成立・展開と図像表現の個所については、インド・中国などの海外仏教遺跡調査に基づく最近の成果や新説を紹介している。ただ、日本を中心とする伝承・信仰史に関しては、諸般の事情により従来の先学諸氏の研究に従うところが少なくない。それらの詳細については、巻末に参考文献表を掲げておいたので、それを参照していただきたい。

また、内容が相当多岐にわたるので、便宜上、小見出しを設けてある。全体の構成ももちろん考慮してあるが、関心のある項目から読んでいただいても結構である。

順序については、慈悲の現世利益のほとけ「観音菩薩」、現世と後世を司る「地蔵菩薩」、煩悩を断ち切る「不動明王」の順とした。それでは、「観音菩薩」から取り上げよう。

観音・地蔵・不動　庶民のほとけ

目次

慈悲のほとけ観音菩薩の利益　87

地蔵菩薩の伝播とすがた　125

救済のほとけ地蔵菩薩の利益　167

不動明王の展開とすがた　211

破邪のほとけ不動明王の利益　265

観音菩薩の起源と流伝

観音菩薩とは

あまたある仏教のほとけの中で、釈迦如来についで人々に親しまれているのは、やはり観音菩薩であろう。もちろん、わが国では、子供のほとけ地蔵菩薩や煩悩を断ち切る不動明王も広く人々に信仰されている。けれども地蔵菩薩は中国・日本での流行に比して、それ以前の存在はまったく不明といわざるをえない。不動明王も密教の広まった地方には相当の流行を見たようであるが、時代的には六、七世紀より以前に遡《さかのぼ》ることはできない。

これに対し、観音菩薩は、紀元前後の大乗仏教の成立とほぼ時を同じくして姿を現し、およそ仏教の伝わったあらゆる地方に広がったのである。

菩薩という存在は、如来・仏がすでに悟り切ったものであるのに対して、現在悟りを求めて努力しているいわば進行形の存在である。つまり、仏とわれわれ凡夫の間に立って導いてくれる存在である。それだけわれわれに近い存在であるのだが、救済の威力をさらに増加させるために、十一の顔を持ったり、千の手を持ったり、すべての望みをかなえる如意宝珠《にょいほうしゅ》という宝の珠《たま》を持って悩み苦しむわれわれに接してくださるのである。

観世音か、観自在か

現在、観音という言葉で、中国、朝鮮半島、日本などの漢字文化圏で圧倒的人気を博している菩薩の原語が、アヴァローキテーシュヴァラ（Avalokiteśvara）であることは、現存している多くの梵本（サンスクリット）資料から明らかである。

この語は、「アヴァローキタ」と「イーシュヴァラ」という二語が複合して成立した言葉である。このうち、「アヴァローキタ」（avalokita）とは「見られた」という意味を持つから、「観」と訳すことは妥当である。一方の「イーシュヴァラ」（īśvara）は、「主人」のことであるが、古くは「自在（者）」と呼ばれた。したがって、代表的漢訳者である唐代の玄奘三蔵《げんじょう》（六〇二—六六四）は、アヴァローキテーシュヴァラを「観自在」と訳し、従来の「観世音」という訳語を不適当と退けたのである。玄奘の訳した『般若心経』でも当然観自在菩薩としている。

しかしながら、玄奘の自信ある宣言にもかかわらず、それ以後も「観自在」の訳語を使うのは、彼より後に出た不空《ふくう》三蔵（七〇五―七七四）などの訳出した一群の密教経典に限られ、とくに日本では、観世音という訳語と、それを短縮化した「観音」の用語が圧倒的に人口に膾炙《かいしゃ》しているのである。この「観世音」、もしくは「観音」という語を有名にしたのは、後秦（三八四―四一七）の悲劇の翻訳僧鳩摩羅《くまら》什《じゅう》（三五〇―四〇九）の名訳である『妙法蓮華経』の第二十五品（章）にあたる「観世音菩薩普門品《ふもんぼん》」である。周知のように、この章は『観音経』という名前で親しまれ、単独で取り出されて読誦されることが少なくない。

そこでは、はっきりと「観世音」と訳されている。この訳語の中で、「観」が玄奘の訳語と同じく「アヴァローキタ」であることは論を俟《ま》たない。ところが、困るのは、次の「世」である。これについては、従来定説はないが、あえて無理に考えるならば、「アヴァローキタ」の後半部に「ローカ」（世間）の要素があるので、二重に訳出したということになろう。

次に問題になるのは、末尾の「音」である。確かに、原語を「アヴァローキテーシュヴァラ」と考えると、「音」という訳語が出てくる可能性はない。けれども、これまでの研究によると、中央アジアで発見された『法華経』のサンスクリット写本の一つには、「アヴァローキタスヴァラ」（Avalokita-svara）となっているものがあり、それによると「スヴァラ」は「音声」という意味であるから、「観音」という訳語が生じることも可能である。

また、以上の言語的考察とは別に、「観音」という語は、『観音経』の冒頭に、「観世音菩薩、その時、その音声を観じて皆解《げ》脱《だつ》（悟り）を得」という言葉があることから、意図的に解釈されたという説もある。

ローケーシュヴァラ（観音）

さらに、観音菩薩が成立してから、二、三百年たつと、インドではヒンドゥー教の復興と相い俟って、その主力神であるシヴァ神やヴィシュヌ神のイメージが幅広く仏教にも導入された。六、七世紀以後の観音菩薩が、インドで「ローケーシュヴァラ」（Lokeśvara）とか、「ローカナータ」（Lokanātha）と呼ばれているのは、まさにシヴァ神系の影響が顕著といえる。

それはともかく、観音の訳語としては、最も古い三世紀の竺法護《じくほうご》訳の『正法華《しようほつけ》経《きよう》』では、「光世音」となっており、まだまだ未解決の問題を数多く残している。

いずれにしても、玄奘の新訳にもかかわらず、現実には「観音」という用語が確立されていることは歴然たる事実であるので、本書でも「観音」の語を用いることにしたい。

観音のイラン的要素

壮大なパンテオン（万神殿）を形成している仏教のほとけたちの中には、阿弥陀《あみだ》如来・大日《だいにち》如来・観音菩薩・弥勒《みろく》菩薩といったわれわれになじみの深い尊格が少なくない。ところが、これらのほとけたちは、いずれもその成立・起源が十分に解明されていない。ある時期にインドにおいて登場してくるのは証明できるのであるが、最初の原型がどのようにして成立したかを確定することは容易ではない。

ところで、最近の学問研究の進展に刺激されて、これらの四尊は、その起源をインドよりさらに西方の古代イランの文化に求める傾向が強まっている。ここでは、観音菩薩の西方起源説について、従来の諸学者の説を要約してみたい。

観音の西方起源説に際して重要なポイントに取り上げられるのは、その女性的特徴と持物《じもつ》の水瓶《すいびょう》である。このうち、女性的要素については、完全に通常の男性尊として扱ったインドの観音像ではあまり明確ではないが、中国・日本になると、その豊満な姿態や温和な顔付きなどに女性的な特色が顕著となる。日本で集成された三十三観音の中には、はっきりとした女性尊も観音として含まれている。また、仏教文化史の権威である岩本裕《いわもとゆたか》博士によると、観音の代表的持物である蓮華《れんげ》（正確にはハス）は、生産の象徴であるとともに女性性器をシンボライズしているともいう。

もう一つの要素である水瓶は、蓮華と並んで観音菩薩の、とくに初期の観音の特徴的持物であり、わが国でも飛鳥時代の百済《くだら》観音像（法隆寺）、白鳳時代の夢違観《ゆめたがえ》音像（法隆寺）は左手に水瓶を持っている。

以上の二点を中心に、観音菩薩の西方起源を説く人々は、いずれも古代イランの宗教ゾロアスター教の女神アナーヒター、もしくはその一種であるアールマティに注目する。アナーヒターは、古代イランの豊饒《ほうじょう》の水の女神である。まず女神であるとともに、水を司る神であるので、必然的に水瓶を持つのである。さらに同じゾロアスター教の主要神アフラ・マズダーとミスラを、仏教のほとけ大日如来、および勢至《せいし》菩薩、もしくは弥勒菩薩の起源と考える主張もなされている。

いずれにしても、大乗仏教の重要論書である『大智度論《だいちどろん》』巻七（四世紀頃の成立か）に「観世音菩薩等、他方仏土より来たる」とあることを考慮すると（仏土を強調する解釈もある）、確かに観音菩薩のように特色ある菩薩が出現するには、何らかのヒントがあったはずであり、北西インドのガンダーラを通しての西方イラン、さらにはギリシャ・ローマ文明との邂逅《かいこう》に加えて、それと密接に関連する大乗仏教の興起などの歴史情勢の中に観音菩薩が成立したものと考えて大過ないだろう。

観音菩薩を説く経典

次に経典を中心に観音菩薩の展開を要約してみたい。まず、観音菩薩が最初に経典に登場するのは、西晋の武帝の太康《たいこう》七年（二八六）、竺法護によって訳出された『正法華経』の「光世音菩薩普門品」である。周知のように、これは後に『観音経』と呼ばれ、民衆の圧倒的信仰を得る経典の原型である。現行の『観音経』は、後秦の鳩摩羅什《くまらじゅう》訳（四〇六）の『妙法蓮華経』の「観世音菩薩普門品」の散文と、隋の闍那崛多《じゃなくった》訳（六〇一）の『添品妙法蓮華経』の「観世音菩薩普門品」の偈頌《げじゅ》が組み合わされて出来上がったものである。

この「普門品」では、慈悲深き観音菩薩があらゆる方角を向いて（普門＝門は顔の意味）様々な苦しみに悩むわれわれを救ってくださることが「念彼観音力《ねんぴかんのんりき》」という定型句のもとに列挙されている。つまり『観音経』では、現在の衆生《しゅじょう》のあらゆる危難を取り除き、利益を与えて下さる点を強調しているといえる。

また、散文中に観音菩薩が帝釈身《たいしゃくしん》や自在天身《じざいてんしん》に変化することが説かれているが、これらがいわゆる観音三十三応現身として確立され、後には三十三観音や三十三か所霊場に発展してゆくのである。

「普門品」のスーパーマン観音菩薩をおそらく意識して、本尊阿弥陀如来の補佐をする脇侍《きょうじ》菩薩としたのが、『無量寿経』、『観無量寿経』などの一連の浄土経典であると思われる。『法華経』よりやや遅れて二、三世紀の頃成立したと推測される『無量寿経』では、極楽浄土のほとけ阿弥陀如来の脇侍として観音と勢至の二菩薩が取り上げられている。この三尊の起源に関し、ゾロアスター教のアフラ・マズダー等の三尊を想定する見解もあるが、それはさておき、三尊形式の一隅を担う観音菩薩が現れたことは、後の密教における仏（如来）・蓮華（観音）・金剛（金剛薩埵《こんごうさった》）の三部の成立の遠因となっている。また、五世紀に漢訳された（あるいは撰述された）畺良耶舎《きょうりょうやしゃ》訳の『観無量寿経』では、はじめて脇侍としての観音菩薩の宝冠に化仏《けぶつ》（小さな仏像）が明記されているとともに、観音を左脇侍の位置に決定するなど、

オーランガバード石窟寺院の三尊像

観音菩薩の図像確立に大きな役割を果たしている。

経典からたどる観音菩薩の展開は、以後、私見によると二つの方向に分化されると思う。第一は、より多く、広く救われたいという仏教徒の切実な要求と、それに格好のヒントを与えたヒンドゥー教の力の神の多面多臂《たひ》像という二つの要素から導き出された変化《へんげ》観音の出現である。この傾向は、主に初期に属する密教経典において実現されたが、観音菩薩のヴァラエティを実に豊富なものに変容させていったのである。個々の変化観音の成立・像容・信仰については次章で詳しく取り上げたい。

第二の流れは、『無量寿経』、あるいは

それよりも先行する可能性が強いガンダーラ、およびマトゥラーの仏教美術に登場するパターン、すなわち如来を中心に左右のいずれかに観音菩薩ともう一種の菩薩（勢至・文殊・弥勒・金剛手などが相手となる）との三尊形式である。このパターンは、五世紀から七世紀にかけて西インドで造営されたアジャンター、エローラ、オーランガバードなどの石窟寺院に多数存在しているとともに、宋代漢訳の『大乗《だいじょう》荘厳《しょうごん》宝王経《ほうおうきょう》』などの後期観音経典の中にも継承されている。

この宋代の天息災《てんそくさい》訳『大乗荘厳宝王経』は、後期仏教、とくにチベットにおける観音菩薩の流行と関係が深い。チベット仏教でよく唱えられる「オーン・マニ・ペーメ・フーン」という観音の六字真言は、実にこの経典に説かれているのである。また六字を六道《りくどう》にそれぞれ配当し、生死輪廻《しょうじりんね》の苦しみから観音菩薩が救ってくださるという有名な生死輪廻図は同経に拠《よ》るところが多く、その独特の生死輪廻図は近年チベット

チベットの生死輪廻図

仏教美術の一典型として日本にも多く紹介されている。

先の両者の流れは、七、八世紀のインド密教の大成とともにさらに新しい局面を迎えることになる。まず変化観音の流れは、ひとまず『大日経《だいにちきょう》』・『金剛頂経《こんごうちょうきょう》』という相接する二種の密教経典において、順次密教化され、金剛法《こんごうほう》菩薩（いわゆる聖《しょう》観音）として完成の域に達する。もっともそれ以後の後期密教の影響を受けるにしたがって、ハリハラ観音など多くの新しい変化観音を再生産することも忘れてはならない。ただし後期変化観音は日本には伝わっていない。

第二点の三尊形式の分野では、その複合形態である如来と観音・金剛手等の八大菩薩の組み合わせを完成させ、この流れはエローラの後期仏教窟やチベット仏教では大きなウェイトを占めることになっていくのである。

インドの観音菩薩像

前項で述べた観音菩薩の歴史的展開を念頭において、インドにおける造像例を多少付け加えておきたい。

『法華経』の「普門品」の観音菩薩をそのまま造像したものはインドには現存していない。しかし、六、七世紀以後、新たに『仏説一切仏摂相応大教王経聖観自在菩薩念誦儀軌《ねんじゆぎき》』など一連の後期観音経典が成立するとともに、観音菩薩が火難・水難・獣難・刀難などを救済する光景を表現化した、いわゆる観音諸難救済図が、西インドの石窟寺院を中心にかなり多く見られるようになる。

　次に、阿弥陀如来の脇侍としての観音菩薩は、阿弥陀如来そのものがインドであまり見出されないことにより、阿弥陀三尊にあたるものは一体も報告されていない。けれどもその影響を受けたと推定される観音菩薩を組み込んだ三尊形式は、すでに二、三世紀のガンダーラ、マトゥラー像からグプタ朝・パーラ朝にかけてインド石像彫刻の基本パターンになっている。また、その発展形態である八大菩薩像も、東インド・西インドを問わず数多く見出すことができる。

　これに対して、わが国で六観音・七観音などの名前で親しまれている十一面・千手《せんじゆ》・如意輪《にょいりん》・不空羂索《ふくうけんじやく》等の諸観音は、皆無とはいわぬまでも、西インドのカーンヘリー石窟の著名な十一面観音像を除くと、ほとんど

カーンヘリー石窟の十一面観音像

認められない。私の用語でいえば、これらは前期変化観音にあたるが、密教化の度合いが早いだけに、後から生じてきた特殊な後期変化観音にとって代わられたのかもしれない。

このほか、密教化した観音である金剛法菩薩も、東インドのオリッサ地方に遺存しているが、これについては別項に譲りたい。

中国における観音菩薩の展開

慈悲のほとけ観音菩薩は、第二の仏教大国中国でも多くの人々の篤い帰依を獲得した。観音菩薩がいつ頃中国に伝播したかは明らかでないが、『観音経』の母胎となる『法華経』の初訳である竺法護訳『正法華経』が訳出されたのは、三世紀の後半である。この『正法華経』に基づいて、中国における観音信仰が五世紀以後急速に普及したことは、六朝《りくちょう》の劉宋《りゅうそう》（四二〇―四七八）の頃に編集された『光世音応験記《こうぜおんおうげんき》』、『続光世音応験記』などの観音霊験記からも疑う余地はない。ちなみに「光世音」は、『正法華経』における観音の訳語である。

五世紀という時代は、後秦の弘始《こうし》八年（四〇六）、鳩摩羅什が『妙法蓮華経』を訳出するという画期的な出来事から始まったが、仏教美術の面から見ても観音菩薩を考察する上で重要な意味を持っている。

すなわち、北魏《ほくぎ》の時代になると、宝冠をかぶり、手に水瓶や蓮華を持ち、頭頂に化仏《けぶつ》（小仏像）をいただいた観音像が次第に多く作られるようになる。これは、雲《うん》崗《こう》・龍門《りゅうもん》と続いた北魏為政者たちの盛んな造像熱と決して無関係ではなかろう。速《はや》水侑《みたすく》氏によると、龍門石窟の造像例では、観音が各時代を通じて最も多く作られており、その場合、阿弥陀如来の脇侍というよりは、『普門品』による独立した菩薩信仰として発達したと述べている。

北魏の時代には、とくに六世紀以降、如来を中央に置き、二菩薩が両側に侍すという三尊仏が多数造像された。その中には、脇侍の一尊に水瓶を持つ観音らしき菩薩像も見受けられるが、中央の如来像自体、通形の如来形であって、阿弥陀如来という確証は少ない。ともあれ、龍門石窟の場合、観音像造顕の願文《がんもん》として、両親等の家族の追善がうたわれていること、さらには、北魏の太和《たいわ》年間（四七七—四九九）銘のある観音菩薩の小金銅像に亡父母追善の銘文があることなどを見ると、元来現世の利益をもたらすと期待されていた観音菩薩にも、中国で特徴的な祖先崇拝の要素が結びついてきたといえるであろう。

中国における観音菩薩の新しい展開は、地蔵菩薩の場合と同じように、中国の人々の手によって新しく自家製の経典（いわゆる疑経《ぎきょう》）が撰述されたことである。観音信仰が、知識階級から一般庶民に広がる六朝時代の頃から、次にあげるような多くの種類の観音経典が中国で編纂《へんさん》されている。

(1)『高王観世音経』
(2)『観世音十大願経』
(3)『観世音詠託生経』
(4)『観世音菩薩往生浄土本縁経』
(5)『観世音懺悔除罪呪経』
(6)『観世音所説行法経』
(7)『観世音菩薩救苦経』
(8)『観世音三昧経』

このうち、『高王観世音経』と『観世音三昧経』は、一時散逸してしまっていたが、後に古写本の遺存が知られるようになり、塚本善隆《つかもとぜんりゅう》博士や牧田諦亮《まきたたいりょう》博士によって詳細な研究がなされている。なかでも、『高王観世音経』は、東魏の官僚盧仲裕《ろちゅうゆう》が将軍高歓《こうかん》（四九六―五四七）に捕えられ、獄中で処刑を待っていたところ、『観音経』を唱えると、手や足を縛っていた枷《かせ》や鎖《くさり》がおのずから外れて自由の身になったのでその名を得たという。五胡十六国の戦乱を背景に、生命の不安を観音菩薩の威力により救われたというモチーフは、新しい経典として、より実感をもって人々に受け容れやすいものであったといえる。

なお、この『高王観世音経』の略本にあたると思われるのが、同じく中国での成立と推測される『延命十句観音経』である。

観世音《かんぜおん》　南無仏《なむぶつ》
与仏有因《よぶつういん》　与仏有縁《よぶつうえん》
仏法僧縁《ぶっぽうそうえん》　常楽我浄《じょうらくがじょう》
朝念観世音《ちょうねんかんぜおん》　暮念観世音《ぼねんかんぜおん》
念念従心起《ねんねんじゅうしんき》　念念不離心《ねんねんふりしん》

という十句からなるこの短文の経典は、延命という功徳と快いリズムによって禅僧の白隠《はくいん》（一六八五―一七六八）などにも愛誦されたという。

宝慶寺旧蔵の十一面観音像
（東京国立博物館）

中国での観音信仰は、唐代でも殷賑《いんしん》を極め、豊満な肢体のすぐれた観音像が多数造顕された。また、インドにおける変化観音の成立、そしてそれに続く組織的密教の渡来もあって、十一面観音や千手観音の彫像や壁画も制作されている。唐代の十一面観音像としては、宝慶寺《ほうきょうじ》旧蔵（現東京国立博物館蔵など）のものがよく知られている。

宋代になると、仏教自体が完全に一般庶民の間に浸透したため、観音菩薩も一部の為政者の個人的信仰というよりは、人々の民間信仰と相交ざり合って支持層を増していった。その場合、大きく言って二つの特徴があるように見受けられる。

第一は、密教系の十一面観音や千手観音に代わって、より生《なま》の人間に近い水月観《すいげつ》音、楊柳《ようりゅう》観音、魚籃《ぎょらん》観音、馬郎婦《めろうふ》観音などが成立してきた。これは超越的な力よりも、日常生活を重視する傾向が強まったためであって、その背景には庶民化された禅仏教の嗜好《しこう》性が認められることを忘れてはならない。

もう一点は、観音菩薩の女性化である。成立の当初から、観音というほとけは女性と無関係ではなかったと思われるが、少なくともインドでは、単語の性(gender)が男性であるように、男性神として扱われてきた。

中国でも初期の頃は、口ひげをつけるなど男性を意識していた。ところが、多産神の鬼子母神《きしもじん》(ハーリティー)の容姿がいつしか観音とオーバーラップし、七世紀の頃には、観音は「送子《そうし》」、つまり子宝を授けるほとけと考えられるようになったのである。

ここまでくれば、観音菩薩自体が女性化するのに時間はかからない。その結果、元・明・清代になると、「観音娘々《にゃんにゃん》」、あるいは「送子娘々」という言葉があるごとく、観音菩薩の中に悲母の姿が投影されることとなった。この流れが、わが国の子安《こやす》観音や悲母《ひぼ》観音に継承されていると見てよかろう。

日本における観音菩薩の展開

わが国にいつ観音像が伝来し、それをいつ頃から信仰するようになったかを記す明確な史料はない。しかし、飛鳥・白鳳の時代にかけてかなりの数の観音菩薩像が造立されたことは、現在、法隆寺の救世《ぐぜ》観音（夢殿《ゆめどの》観音）・百済《くだら》観音・夢違観音の三観音、あるいは薬師寺東院堂、兵庫の鶴林寺《かくりんじ》、島根の鰐淵寺《がくえんじ》などに伝えられている金銅仏からも明らかである。ただ、これらの観音像は、通形の標準的観音像であって、六観音成立以後の言葉を使うと聖《しょう》観音にあたる点を注意しておかねばならない。

次いで天平《てんぴょう》時代になると、観音関係の経典が大量にもたらされ、写経されるようになる。中国との密接な文化交渉が始まったのである。この時期の将来経典の中には、十一面・千手・不空羂索などの変化観音に関する経典が圧倒的に多くなる。もっとも、中国密教の大成者不空三蔵の訳になるものがひじょうに数少ないところに、平安朝に空海が将来した密教との大きな違いがある。

と同時に、この時代に政治の面で活躍した玄昉《げんぼう》（―七四六）、実忠《じっちゅう》（生没年不詳）、道鏡《どうきょう》（―七七二）という僧たちが、それぞれ千手観音、十一面観音、如意輪観音という個別の変化観音の修法《しゅほう》を行い、その呪的効験力を律令国家の安泰に結びつけようとした、すなわち呪術的現世利益を意図したことは大きな特色である。とくに実忠の発案になるという十一面悔過《けか》は、最近ではイラン的要素も多く指摘されているが、奈良朝廷の絶大な期待を受け、その後現在までもお水取りとして人々に親しまれている。この時代の雑密《ぞうみつ》観音の隆盛を示す遺品には、東大寺三月堂の不空羂索観音立像、唐招提寺の千手観音立像、聖林寺《しょうりんじ》の十一面観音立像など名品が少なくない。

平安時代に入り、最澄・空海が、天台・真言の両宗派を開いたが、彼らの目的は新しい教理体系の確立にあったので、二人とも観音菩薩に対してそんなに大きな関心を持っていたとは思われない。たとえば、空海は帰朝後すぐに九州の大宰府《だざいふ》で追

十一面観音像（奈良聖林寺）

善のために千手観音マンダラを描かせているが、これは周囲に金剛界マンダラ系の八供養菩薩《はちくようぼさつ》を配するなど密教化した観音信仰である。

ところが、十世紀になると、藤原一族の突出に反比例して、旧来の名家が次々と没落していった。加えて、間近に迫った末法の恐ろしさも手伝って、とくに上層階級の人々の間に、前世からの因縁をなげく宿世観《しゅくせかん》や無常観に満ちた一種の厭世思想《えんせいしそう》が時代を覆った。こうした厭世思想は仏教の教えである六道輪廻《りくどうりんね》、とくに地獄の恐怖に彩られており、それに伴う新しい仏教信仰を生み出していったのである。

観音信仰の場合、それは六観音信仰として開花した。六観音そのものについては次章で詳説するが、もともと天台大師智顗《ちぎ》（五三八―五九七）の作になる『摩訶止観《まかしかん》』に説かれる六道輪廻の大悲・大慈などの六種の観音であった。この種の六観音は、十世紀から十一世紀の初めにかけて、法性寺《ほっしょうじ》、法成寺《ほうじょうじ》、比叡山恵心院《えしんいん》などで造立され、藤原氏を中心とする人々に信仰されたようである。

ところが、大悲以下の六観音は、やはり尊名にもう一つなじみが薄かったことと、天台宗と競い合う形にあった真言宗の立場を立てる意味もあって、雨僧正《あめそうじょう》の異名のあった真言宗小野流の実力者仁海《にんがい》（九五一―一〇四六）の働きかけなどによって、雑密《ぞうみつ》系の観音で、人々によく知られていた十一面・千手・如意輪・馬頭《ばとう》・准胝《じゅんてい》・聖の六体観音菩薩を新たに再編成して、六観音とした。当然のことながらこれらの方が流行するようになったので、天台宗側もその説を取り容れた上で、准胝は「観音」であると認めず、従来の変化観音のうち不空羂索観音を残りの一尊にあてている。

真言宗側は、六観音に、さらに本尊としての釈迦《しゃか》金輪《きんりん》、護法の不動、大威徳《だいいとく》の二明王を加えて、病気や災難の滅除を祈る息災《そくさい》法や相手を打ち倒す調伏《ちょうぶく》法の祈禱《きとう》に用いている。同法の本尊となった六字経《ろくじきょう》マンダラも、図像を中心に何点か遺存している。

六字経マンダラ（『別尊雑記』）

なお、六観音（もしくは七観音）の完具の作例は意外と少ないようで、わずかに、京都の大報恩寺（千本釈迦堂）の鎌倉時代の六体（国宝）があげられる程度である。

この頃には、在野の宗教家である聖《ひじり》の積極的活動もあって、近畿一円の観音霊場、たとえば近江石山寺《いしやまでら》、大和長谷寺《はせでら》、紀州紀三井寺《きみいでら》、播磨書写山円教寺《えんきょうじ》などに、都から天皇や女官たちが参詣に出かけたことが、『源氏物語』、『枕草子』、『栄華物語』などの記事からうかがうことができる。もちろん彼ら全体の生き方の上には、平安貴族特有のペシミズムが影を落としていることは否定できないが、それでもどこかに無邪気な明るさのような一面があり、それが阿弥陀信仰よりは観音信仰の方に親近感を持たしているような気がしてならない。

それを裏付けるように、奈良時代末から平安時代にかけて、庶民の間でもっと素朴な観音信仰が幅広く続けられていた。それは、『日本霊異記』や『今昔物語』などの仏教説話集を見ると一目瞭然であるように、観音菩薩の霊験話が圧倒的に多い。そこでは、深遠な仏教教理よりも、困った時、危い時に助けてくださる観音菩薩、いささか厚かましい願いでも聞きとどけてくださる観音菩薩の有難さが健康的なタッチで生き生きと描写されているのである。

十一世紀から十二世紀にかけて、貴族階級を中心に阿弥陀如来の極楽浄土への往生が切実な願いとなり、しかもその前段階として死後直ちに迎えに来ていただく来《らい》迎《ごう》の思想が盛んになってきた。いわゆる来迎図は、阿弥陀如来と観音・勢至二菩薩の三尊を中心としているが、したがって、観音菩薩も蓮台を持って脇に侍しているが、ここでは何といっても阿弥陀如来が主役であり、浄土のほとけ観音菩薩という考えは、京都海住山寺《かいじゅうせんじ》の「十一面観音二十五菩薩来迎図」などの特殊な例を除くと、必ずしも本流ではないようである。

中世以後の観音信仰は、地蔵菩薩や不動明王の場合とまったく同じように、庶民のたくましいエネルギーによって支えられてゆくようになる。そこでは、密教や浄土教や禅といった教義的なものではなく、現実に生きているわれわれに恵みを与え、支えてくださるほとけが求められたのである。

その最も代表的な例が、一つだけではなく、たくさんの観音霊場を参拝してより多くの利益を得ようとする霊場巡礼である。ここには篤い信心の結晶も当然含まれているが、少々皮肉な見方をすれば、健康対策をかねた気ばらしレジャーの要素がまったくないわけではない。これは現在の霊場ブームにも十分見られる一面である。

観音菩薩の三十三か所霊場巡礼については、別に項を設けているのでそれに譲るが、いつの世でも、より素朴で、より人間的で、しかも直接参加できる信仰が人々の共感を呼ぶことができる一つの好例であろう。

なお、庶民信仰が主流となった室町時代から江戸時代にかけて、観音菩薩も地蔵菩薩も不動明王もさまざまな個別的信仰に展開していった。観音菩薩の場合は、地蔵菩薩ほど多様化しなかったが、それでも母性を強調して子供と結びついた子安《こやす》観音、一種のカモフラージュとして信仰の保全を図ったマリア観音など特殊な類型を認めることができる。

チベットと観音菩薩

少し日本と離れるが、最近かなり注目を集めているチベットでも観音菩薩の信仰はたいへん盛んである。というよりも、チベットの人々は自らの国こそが観音の仏国土と考えていたふしがあり、周知のように、以前までダライ・ラマが住んでいた法王庁は、観音菩薩の浄土(ポタラヤ)にちなんでポタラ宮殿と呼ばれている。

また、七世紀の頃、初めてチベット帝国を統一するとともに、仏教を積極的に受容したソンツェン・ガンポ王は、観音菩薩の化身として、また中国とネパールの二大仏教国から降嫁した文成公主《ぶんせいこうしゅ》とチツン王妃の二人は、観音菩薩の配偶女尊である白と緑の二種のターラー女尊の化身として今も崇められているのである。

ところで、チベットでの観音信仰の一つに、観音・文殊・金剛手の三尊が一つのセットになったものがある。これは、他の国ではあまり類例を見ないパターンであるので、ここに取り上げることにしたい。

チベット、あるいはその影響を直接に受けたネパール、シッキム、ブータン、ラダックなどのいわゆるヒマラヤ諸国では、壁画やタンカ（掛け軸様の仏画）の画題として、次のような三尊を配置した例を見かけることが多い。

位置	尊格	身色	臂《ひ》数	持物
左側	文殊	黄色	二臂	刀剣（右）、梵篋《ぼんきょう》（左）
中央	観音	白色	四臂	中央合掌、念珠（右）、蓮華（左）
右側	金剛手	青色	二臂	忿怒形《ふんぬぎょう》、金剛杵《こんごうしょ》（右）

これら三尊は、三種主尊、もしくは三族尊（リクスム・ゴンポ）と呼ばれるグループで、文殊が知恵、観音が慈悲、金剛手が悪を打ち破る力を象徴しているという。つまり、人間の最も必要とする三要素を表すほとけたちということができる。

なかでも、観音が中央の位置を占めていることは、それを最重要と考えられたわけであるが、三種主尊に典型的に現れる四臂の観音こそが、チベットにおいて基本となる観音の図像である。このタイプのものを、故郷インドでは、六字《ろくじ》（シャッド・アクシャリー）観音というが、チベットではむしろ四臂《しひ》観音と呼ぶことが多い。

バイヨンの四面観音仏塔

この観音菩薩こそが六道輪廻《ろくどうりんね》を救ってくださる観音であり、わが国の六地蔵にあたるのは大変興味深い。

以上のほかにも、東南アジアのアンコール・トムに見られるバイヨンの四面観音仏塔（異説もある）、朝鮮半島の慶州仏国寺石窟庵の有名な石造浮き彫り十一面観音像など、およそ仏教の伝わったところには必ず観音の信仰があったのである。

頭頂の化仏

観音菩薩の像容が固定化するにつれて、その顕著な特徴として、頭頂に小さな仏の姿をつけていることがあげられるようになった。この小仏のことを「化仏《けぶつ》」と呼んでいる。さらには、この化仏が阿弥陀如来であると主張されるに至るのである。

この頭頂の化仏の問題を少し整理してみたいと思う。

観音菩薩に関する最も原初的な経典である『法華経』の「普門品」、つまり『観音経』には、化仏を頭頂にいただくということは、一言半句も述べられていない。また、本邦最古の観音像ともいうべき奈良法隆寺夢殿の救世観音、あるいは同寺蔵百済観音像には化仏の片影すら見られない。

ところが、経典でいえば、劉宋《りゅうそう》の畺良耶舎《きょうりょうやしゃ》が訳出した『観無量寿経』中の種々の観法のうち、第十観の観世音菩薩を観じるの条目に、「頂上には、毗楞伽摩尼宝《びりょうがまにほう》（帝釈天《たいしゃくてん》の首飾りにつける宝珠）をもって天冠とせり。その天冠の中に一つの立てる化仏あり」とある。さらに、同経に「首相（首の姿）を観て、これを観世音と知り、大勢至《だいせいし》と知る」と説いていることを考慮すると、化仏を観音の特徴と考える傾向が次第に強まっていったものと推測される。

これに呼応するように、中国の仏教美術においても、化仏を持たない観音から、光背のさきに簡単に付するものへ、そしてさらに頭頂に化仏を安置するものへと展開していったのである。

『観無量寿経』の説く化仏では、それを阿弥陀如来と規定することはない。けれども、いつしかその化仏が阿弥陀如来と考えられるようになった。その嚆矢《こうし》がいつか断定することは容易ではないが、おそらく『大日経』をはじめとする密教経典ではなかったかと推定できる。

すなわち、密教の重要な祖師である善無畏《ぜんむい》・一行《いちぎょう》訳の『大毘盧遮那成仏神変加持《だいびるしゃなじょうぶつじんぺんかじ》経《きょう》』（略称『大日経』）では、「北方大精進観自在は、光色は皓月《こうげつ》（白い月）、商佉《しょうきゃ》（白法螺貝）、軍那華《ぐんなか》（白蓮華）のごとく、微笑して白蓮に坐し、髻《もとどり》に無量寿を現ず」と説き、頭頂の髻に無量寿（阿弥陀）如来の化仏をいただくことを記している。

なお、『大日経』に先行する初期密教経典である唐の阿地瞿多《あちくった》訳の『陀羅尼集経《だらにじっきょう》』では、「一切の観世音菩薩像は、通身白色にして、（中略）、その華冠のうちに立てる化仏あり」としか説かれていないことなどを彼此総合すると、化仏を阿弥陀如来と判断したのは、『大日経』系の密教経典であり、その理由は、同経に説かれる、

仏　部　大日如来・釈迦如来・仏頂尊など
蓮華部　観音菩薩
金剛部　金剛薩埵（金剛手菩薩）

の三部が次第に確立して、

観音菩薩＝蓮華部＝阿弥陀如来

という同族（同じグループ）認識のパターンが定まったことに起因するものと考えられる。

ともあれ、『大日経』の成立時期と推定される七世紀以後は、観音菩薩の化仏を阿弥陀如来と見る傾向が強まったようであり、インドをはじめ、密教を知悉《ちしつ》している観音像の化仏は、次第に定印《じょういん》の姿をとる阿弥陀如来像が主流を形成してゆくのである。

密教化された観音

長い歴史を持つ観音菩薩であるが、六、七世紀から起こった密教の影響を受けて、観音菩薩も独特の密教のほとけへとその名前を変えていった。それが、『金剛頂経《こんごうちょうぎょう》』に説かれ、金剛界マンダラに配される金剛法《こんごうほう》菩薩である。

金剛法菩薩は、金剛界三十七尊のうち、阿閦《あしゅく》・宝生《ほうしょう》・阿弥陀・不空成就の四仏をとりかこむ十六大菩薩中の一尊である。この尊は、金剛利《こんごうり》・金剛因《こんごういん》・金剛語《こんごうご》の三菩薩とともに阿弥陀如来の眷属《けんぞく》（侍者）を形成している。とくに密教の専門用語でいう、四親近《ししんごん》菩薩の筆頭となっているところに、観音菩薩と阿弥陀如来の親近性を保持しているといえる。

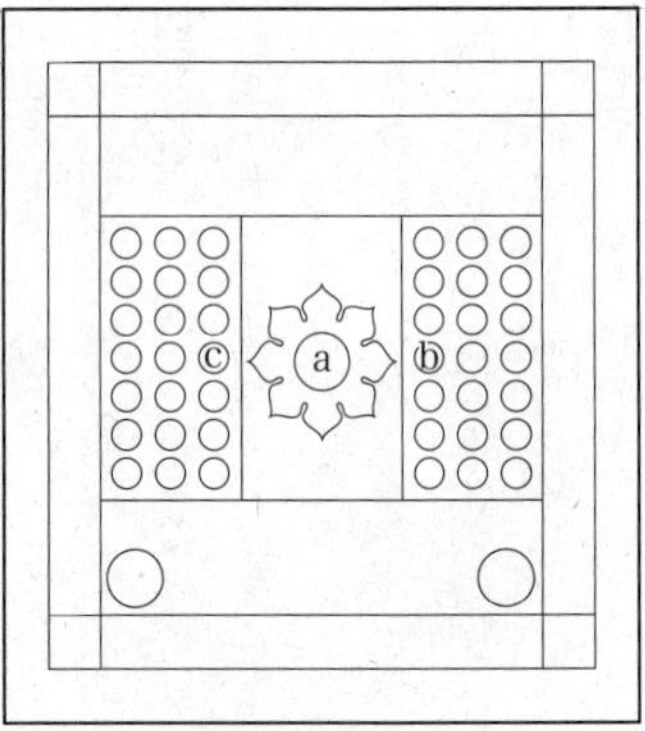

胎蔵マンダラの構成
a．大日如来
b．金剛薩埵（金剛手）
c．聖観音

また「金剛法」という尊名のうち、金剛は、金剛界マンダラの尊格（五仏を除く）すべてに付加されているので、今は考慮の外に置くとして、「法」は、阿弥陀如来の部族の名称に用いられる語である。それゆえ、金剛法菩薩が阿弥陀如来の四親近菩薩の代表格であることは明らかである。

なお、阿弥陀如来の部族名を別に蓮《れん》華《げ》部《ぶ》と称することがあるが、これは蓮華をシンボルとする観音菩薩の呼称を、逆に阿弥陀如来の部族名にしたものであると推測される。

金剛法菩薩の特色の第二は、そのマンダラ配置から読みとることができる。つまり、右の図を見て気がつくように、金剛法菩薩は、中尊大日如来を中心軸にして、阿閦如来の四親近菩薩のナンバーワンである金剛薩埵と対称的な位置に配されている。金剛薩埵が、大乗仏教の金剛手菩薩を完全に密教化した尊格であることは、筆者をはじめ研究者により論証されている。

そして、これら金剛手《こんごうしゅ》と蓮華手《れんげしゅ》（観音）が、如来を中央にして左右に侍する脇侍菩薩の典型例であったことも、別項で詳説したとおりである。それゆえ、大乗仏教の如来・金剛手・蓮華手という三尊形式をシステム化したものが、胎蔵および金剛界のマンダラであることは容易に納得されると思う。

金剛法菩薩の図像について一言しておくと、マンダラの詳細な区別に従って、開《かい》敷《ふ》（すでに開花した）もしくは未開敷の相違はあるが、必ずといってよいほど左手に蓮華を持ち、胸の前で右手を副《そ》えてつまむごとくにしている。この姿の観音を、後に「聖《しょう》観音」と総称するが、実に金剛法菩薩と聖観音は図像的に完全に一致するのである。

インドの聖観音像（ラトナギリ遺跡）

というよりも、正確に言えば、わが国でいわれる聖観音は、密教の金剛法菩薩を知った上での図像であり、聖観音は名前こそ古そうな趣きが強いが、まさに密教化した観音菩薩と言えるのである。

東インド・オリッサ州のラトナギ

リ遺跡からは、胎蔵大日如来を中央に、聖観音と金剛薩埵を従えた三尊形式の好例が出土している。

観音菩薩の浄土

大乗仏教の展開とともに、その思想内容も釈迦の教えにとどまらず、般若空の思想、法華一乗の思想、華厳の重々無尽《じゆうじじゆうむじん》の思想など様々なヴァラエティを包含するようになってくる。その傾向に合わせて仏教の尊格が、悟りを開いてしまった仏・如来、現在悟りを求めて修行している菩薩を問わず、その多様性を増していったであろうことは想像に難くない。

そのようにして成立した仏・菩薩のうち、あるものは独自の世界、つまり仏国土を持っていたのである。そのうち、よく知られているのは、阿弥陀如来の極楽国土《ごくらくこくど》(もしくは極楽浄土)、薬師如来の瑠璃光《るりこう》(もしくは浄瑠璃)国土、阿閦《あしゆく》如来の妙喜国《みようきこく》土などであるが、菩薩としては弥勒菩薩の兜率天《とそつてん》、そして観音菩薩の補陀落《ふだらく》国が知られている。

もっとも、弥勒の兜率天とは異なって、観音の浄土は成立の当初から考えられていたとは信じ難い。また、浄土とか、仏国土という言葉を狭義に解釈すれば、「菩薩」である観音にはやや不適当かも知れない。初期の観音経典である『法華経』の「普門品」(『観音経』)や、魏の康僧鎧《こうそうがい》訳の『無量寿経』には、観音の国土のことについてはまったく言及されていない。

ところが、後期大乗経典である『華厳経《けごんきょう》』の「入法界品《にゅうほっかいぼん》」になって、初めて観音居住の地としてのポタラカ(Potalaka)が登場している。この個所を、東晋(三一七―四一九)の仏駄跋陀羅《ぶつだばだら》訳の『大方広仏《だいほうこうぶつ》華厳経』(『六十華厳』)では、「光明山」と訳出しているが、時代が下って唐代の実叉難陀《じっしゃなんだ》訳の『大方広仏華厳経』(『八十華厳』)では、「この南方に山あり、補怛落迦と名づく。彼に菩薩あり、観自在と名づく」と、はっきりと音写名の補怛(＝陀)落(迦)を使っている。

観音の浄土を補陀落とすることは、『華厳経』の「入法界品」で主人公の善財童子が教えを求めて、各尊や各人を特定の地に尋ねる形をとっていることに由来して始まったらしく、その後は初期密教経典の菩提流志《ぼだいるし》訳の『不空羂索神変真言経』などでも盛んに言及されている。

補陀落の位置に関しては、『華厳経』自体に神話的要素が強く、学問的に追究することは必ずしも容易ではないが、興味深いのは、例の玄奘三蔵が著した『大唐西域記』の記録である。

同書第十巻の秣羅矩吒《まらくた》国の個所に、「国の南海浜に秣剌耶《まらや》(Malaya)山あり。(中略)。秣剌耶山の東に布咀落迦《ふだらか》山あり。(中略)。池の側に石天宮あり。観自在菩薩往来の遊舎なり」とあるように、補陀落は秣剌耶山にあることになる。このマラヤ山については、学者の間にも諸説があって、未だ決定的な見解が定まっていないのが実情である。ただ、南インド、もしくはセイロン(スリランカ)あたりであり、しかも海浜であったことは間違いなかろう。したがって、次に触れる各国の補陀落の霊場も、大半は海浜か、もしくは水辺にあてられている。

この補陀落国の伝説は、観音菩薩の伝播とともに各地に広がった。チベットでは、ダライ・ラマの居城をポタラ宮と称することはすでに触れた。中国では、浙江《せっこう》省寧《にん》波《ぽう》府定海《ていかい》県東方の舟山《しゅうざん》列島を普陀山《ふださん》とし、観音菩薩の霊場となっている。同地は、最近日本の観光客にも開放され、参拝に訪れる人が少なくない。朝鮮半島では、江《こう》原道襄陽《げんどうじょうよう》の五峰山の海辺を洛山と定めている。

わが国では、その起源は奈良時代に遡ると考えられるが、平安時代になると、現在の西国三十三か所第一番札所那智山青岸渡寺《せいがんとじ》近辺の補陀落山寺《ふだらくさんじ》が補陀落山の東門であると信じられ、上下の信仰を集めた。とくに鎌倉時代以後、生身の観音を求めていわゆる「補陀落渡海」の信仰が起こり、那智山の僧侶や熱心な信者たちがわずか数日間の食糧や水を積み込んで太平洋に消えていったのである。これを一種の投身自殺と見なすことも不可能ではないが、小さな船を釘づけにした壮烈な渡海の例もあり、強い信仰心がなければできることではない。

このほか、東国下野《しもつけ》の二荒（二荒山《ふたらさん》神社）も観音の霊場とされ、現代の地名日光とは「二荒」の音転といわれている。

一種の結果論になるかも知れないが、わが国の補陀落霊場では千手観音を本尊にしているところが大部分を占めている。

観音菩薩のすがたとその意味

六観音信仰

奈良時代の頃から、一尊だけでも格別の人気と信仰を得てきた観音菩薩であるが、平安時代になると、六種の観音を集成した六観音が新しい信仰形態を持って登場してきた。

六観音信仰の最初期の言及としては、天慶《てんぎょう》の乱、要するに平将門《たいらのまさかど》・藤原純友《ふじわらのすみとも》の乱が中央政府軍に鎮圧されると、天暦《てんりゃく》四年（九五〇）、朝廷は比叡山延暦寺で戦没者の慰霊法会《ほうえ》を催したが、その願文では、六体の観音像を描き、六道に迷う戦没者の霊をなぐさめることを祈願したという。

六観音とは、それに影響されて後に成立した六地蔵と同様に、地獄以下の六道に輪廻して苦しむ生きとし生けるものを救済する目的で、六道それぞれに種類の異なる六体の観音菩薩を配したものである。

六観音信仰の直接の起源は、隋代の中国で活躍した天台大師智顗《ちぎ》の書いた『摩訶《まか》止観《しかん》』である。そこでは、六道それぞれの苦悩を救済する観音として、以下の六種の観音をあてている。

六道	観音名
地獄	大悲
餓鬼	大慈
畜生	獅子無畏《ししむい》
阿修羅	大光普照《だいこうふしょう》
人	天人丈夫《てんにんじょうぶ》
天	大梵深遠《だいぼんじんおん》

この六観音は、『摩訶止観』で引用する『請観世音菩薩消伏毒害陀羅尼経』（略称『請観音経《しょうかんのんきょう》』）の六字章句陀羅尼と関連して説かれたものであり、わが国でも当初は天台宗関係の学僧くらいしか扱っていなかった。ところが末法思想や現実の世情不安とともに、六道輪廻、とくに地獄の恐怖が盛んに説かれると、六道の苦しみを取

り除くに最も適したほとけである六観音がたいへん注目されることになったのである。

その場合、『摩訶止観』系の六観音があまりにも耳慣れない名称であったために、一時的に信仰されたものの、後には主として真言宗側から、従来すでに信仰を集めていた十一面・千手などの変化観音を抽出し、それを以下のように付会することとなったのである。

真言宗六観音	摩訶止観系六観音	六道
聖	大慈	地獄
千手	大悲	餓鬼
馬頭	獅子無畏	畜生
十一面	大光普照	阿修羅
准胝（仏母）	天人丈夫	人
如意輪	大梵深遠	天

鎌倉時代後期の新義真言宗の学僧頼瑜《らいゆ》（一二二六―一三〇四）の著した『秘鈔問《ひしょうもん》

答《どう》』によると、この主張は、雨僧正《あめそうじょう》とうたわれた小野僧正仁海《にんがい》が藤原道長の下問《かもん》に答えたものという。

これより、真言系では、上記の六尊を六観音と総称して、独自の信仰を形成し、後には六観音と如来の変形である金輪仏頂尊からなる六字経法《ろくじきょうほう》という修法をも生み出していったのである。

真言系の六観音には、准胝といういささかなじみのうすい尊格も含まれている。別項で触れるように、准胝を篤く尊崇したのは、仁海の祖父師ともいうべき京都醍醐寺の開山の聖宝《しょうぼう》（八三二―九〇九）であった。したがって真言宗では、本来「観音」よりもむしろ「仏母《ぶつも》」的性格の強い准胝を組み入れる必要があったのである。

これに対して、天台側は、准胝を観音とは認めず、そのかわりに伝統のある不空羂索観音を第六番目に組み込んでいるのである。

六観音の成立は、やはり六道という来世の恐怖となる存在への慰安の意味があったと思われる。奈良朝の未体系な雑密系観音は、主として現世の祈願をかなえてくれる存在であったが、真言系・天台系を問わず、六観音となると、狙いは来世においてできるだけ悪趣《あくしゅ》（悪い世界）をのがれ、善趣（良い世界）に生まれようと願うことにある。ここに、観音信仰の新しい展開が生じたということができるだろう。

六観音の個別の諸問題は、次に詳しく論じたい。

聖観音の成立

聖観音という観音は、日本ではごく当然の尊格として、しかも観音菩薩の標準タイプと見なされている。しかし、インドや中国に「聖観音」と称する固有の尊格があったわけではない。この観音の成立は、日本において十一面・千手・不空羂索などの変化観音が整理され、六観音・七観音のグループを形成する際に、本来の観音を別出する必要が生じたのである。その場合、梵語で観音を呼ぶとき、その前に「神聖な」という意味の形容詞「アーリヤ」(ārya)を付す習慣があったため、それを「聖観音」と漢語化し、一種の固有名詞に扱っていたのである。

そのためか、「聖」のかわりに「正」の字をあてることもあるが、「聖」と音通の「正」が「正統の」という意味を持つことはいうまでもない。

聖観音の形像

六観音が成立する以前の標準的観音菩薩の図像的展開については、必ずしも定型があったわけではない。『法華経』や浄土経典類では持物《じもつ》までは説かない。ただ、インドの観音像や法隆寺金堂壁画などを見ると、蓮華を持つものが多いことは否定できない。また日本の来迎図では、蓮台を持つケースがある。初期の観音像に多かった持物の水瓶は、後にはむしろ弥勒菩薩の持物と考えられている。六観音の中に含まれる聖観音は、多面多臂《たひ》の形像の多い他の五観音とは違って、唯一の通常相、つまり一面二臂の人間的な姿をしている。

もっとも、日本では六観音以前に、密教・密教美術がすでに花開いていたので、六観音中の聖観音を表現する際にも、起源の古い自由なタイプの観音像や来迎図系の観音像ではなく、密教系の観音菩薩の図像を用いている。すなわち、先述のように、観音の密教化したものが金剛界マンダラの金剛法菩薩であるが、その姿は左手に原則として開きかけ(未開敷《みかいふ》)の蓮華を持ち、右手の指をそえてそれをつまむポーズにしているのである。

聖観音(『別尊雑記』)

聖観音は、図像集などに見られる図像ではすべて坐像であるが、京都大報恩寺の六観音像中の聖観音は立像である。

十一面観音の成立

数ある変化観音の中でも比較的成立が早いと考えられるのが、十一面観音である。この観音の原名は、インダス河上流のギルギット（Gilgit）出土の梵本《ぼんぽん》経典からも知られるごとく、「エーカーダシャ・ムカ（Ekādaśa-mukha）」、つまり「十一の顔を持つもの」という意味である。

この尊格の起源に関して、以前、ヒンドゥー教の「十一ルドラ」をあげる説もあったが、これは「ルドラ十一神」の誤解であって、十一面観音の起源とはなり得ないことは、すでに岩本裕博士が指摘しているとおりである。むしろ、観音菩薩の最も基本となるべき『法華経』の「普門品」に、「あらゆる方角を向くもの」という意味の「サマンタムカ（samanta-mukha）」なる語があり、この場合の「あらゆる方角」を最も明快に示す言葉が「十方」であり、それゆえに本来の顔（本面）以外に十の別の顔を持った尊格が登場したのであろう。同じような発想には、四つの顔を持った四面大日如来があることを付記しておきたい。

中国では、十一面観音に関する経典が、北周（五五七—五八一）の耶舎崛多《やしゃくった》訳の

『十一面観世音神呪経』を最初として多数訳出された。とくに唐代では、玄奘訳・不空訳などが訳出され、造像もかなり盛んであったようであるが、現在中国の多くの寺で見られるのは、五層垂直型十一面を頂くチベット系の十一面観音が中心になっている。

十一面観音の形像

十一面観音は、その名称の示すごとく、十一面を持つことに図像的特色があるが、本面との関係をめぐって解釈が分かれ、本来の本面と十方を示す十面を合わせるもののほかに、本面と別に十一面を加える例が日本に残っている。さらに、観音であることを表す化仏がつくので、十一面の構成にもいくつかのパターンがある。大別すると、縦に四層・五層と積み重ねる垂直型と、頭頂に横一列で並べる水平型、そして両者の中間にあたるピラミッド型を

チベット系の十一面観音

想定することができる。

なお、十面の内容につき、多くの十一面観音経典では、「左の三面が怒りの相、前の三面が菩薩の寂静《じゃくじょう》相、右三面が菩薩の表情をしながら牙をむき出す相、そして最後の一面が大笑いをする笑怒《しょうぬ》相」といわれており、滋賀県の聖衆来迎寺《しょうじゅらいごうじ》像をはじめ、実際そのとおりに作像されているものも少なくない。

化仏は、原則として一尊であるが、滋賀渡岸寺《どうがんじ》の十一面観音像は各面の頭頂に化仏を頂いている。

なお、左手の念珠のかわりに錫杖《しゃくじょう》を持ち、岩座に立つものを長谷寺《はせでら》式十一面観音と呼んでいる。

十一面観音の信仰

数ある変化観音の中では、十一面が最もその信仰が古く、しかも範囲が広い。造像例でも紀伊那智山出土の金銅十一面観音像は、白鳳時代の作と推定される。続いて、法隆寺金堂の八世紀初頭の作と考えられている壁画阿弥陀浄土図には、十一面観音の見事な姿が描かれている。

初期の十一面観音信仰を代表するのは、奈良時代を中心に流行した悔過《けか》法のうち、とくに顕著であった十一面悔過である。悔過とは、自らの罪を特定の尊格の前で懺悔する儀式であり、中国で流行した懺法《せんぽう》の流れを汲むものである。十一面悔過の代表は、奈良東大寺二月堂のお水取りであり、これは天平勝宝四年（七五二）、インド僧（もしくはイラン系か）実忠《じっちゅう》が始めて以来、現在でも余寒期の奈良の風物詩となっている。

また、平安時代になって密教が確立すると、十一面観音を本尊として修法する十一面法が考案され、国家鎮護の願いに基づき、各国分寺で十一面法が修されることがあったという。

千手観音の成立

わが国では、十一面観音と並んで変化観音の中心を占める千手観音は、その原名をサハスラ・ブフジャ（Sahasra-bhuja）、つまり「千の腕を持つもの」ということは疑いない。この「千手」という呼称は、ヒンドゥー教の神話ではシヴァ神のエピテット（通り名）として使われているが、その由来は必ずしも明確でない。

ただ、現世利益のほとけである観音に対する仏教徒の願望が次第にエスカレートして、通常の人間の姿をしたスタンダードな観音像には飽き足らず、顔や腕がたくさんあり、それだけ有効な働きを持った尊格を希求していったことは想像に難くない。

千手観音の場合、漢訳経軌《きょうき》の多くが支持しているように、「千手千眼」という形で合成された形態になっていることが多い。つまり、経軌によれば、千手観音にはその身体に千本の手があり、その各々の手の掌《たなごころ》に一つの眼があって、千手は衆生の救済のためであり、千眼は衆生を見守るためと説かれている。実際、敦煌《とんこう》、チベット、そして日本で見られる千手観音の絵画でも、各手に一眼が一種異様に表現されている。

そのほか、千手観音には、千足千舌など多数を示す「千」と、身体の各部分を結びつけた発想が見受けられる。また、二十八部衆という大眷属《だいけんぞく》を加えることもあり、現実に大所帯となった作例に京都東山の蓮華王院（三十三間堂）の千手観音二十八部衆がある。

千手観音の形像

千手観音は、人々の願望が強烈であるだけに、その図像表現は大変な困難がともなう。千の手を表現すること、そして各手に願望実現の個性を読み込むために様々の持物を持たせねばならないからである。

千手観音の千手を図像類型的に分類すると、次の三つのタイプに分けることができると思う。

(1)根本千手観音
(2)四十二臂千手観音
(3)清水寺式千手観音

千手観音像（大阪葛井寺）

まず、(1)は文字どおり千手を表そうとしたもので、かなり苦労しながら無数の手を付している。奈良唐招提寺、大阪葛井寺《ふじいでら》の像などが有名である。

これに対し、(2)は主要な手四十二臂（中央二臂を含む）のみを代表して表現するタイプで、京都広隆寺、京都大報恩寺など大部分の像がこのグループに属する。

中央の二手に四十手を加えることについては、後世、いささか苦しい教義的解釈も施されている。つまり、如来・金剛・宝（摩尼《まに》）・蓮華・羯磨《かつま》のいわゆる金剛界の五部に各八手があって、合計すると四十手になる。そして一手に二十五の有界があって、両者をかけ合わすと千となるというものである。このような形像と教理の関係は、いわばにわとりと卵の関係のようなものであって、どちらか一方が他方に影響を与え合うと考えてよかろう。

四十二臂のうち、二手を頭上に上げ、化仏を支えるものを、代表例の清水寺《きよみずでら》千手観音にちなんで清水寺式千手観音と呼んでいる。数はそう多くないが、それでも平泉中尊寺の藤原時代の立像や京都東寺の絹本著色図《けんぽんちゃくしょくず》（六観音のうち）などが知られている。

なお、同様の図像は、チベット系の文殊菩薩像に相当数見受けることができる。

千手観音の信仰

千手観音は、敦煌など中央アジアの壁画にもかなりの例が遺存しているが、中国での流行に刺激されてか、奈良時代には、玄昉《げんぼう》のような入唐僧《にっとうそう》、あるいは鑑真《がんじん》のような渡来僧によって千手観音信仰とその造像が鼓吹《こすい》された。とくに玄昉は、その政治志向によって毀誉褒貶《きよほうへん》相半ばしているが、中国での千手観音信仰を持ち帰り、天平十三年（七四一）には、『千手千眼経』一千巻の書写を行ってその利益を願っている。

千手観音は、数ある観音の中でも威力最大と信じられ、とくに密教では観音関連尊のグループである蓮華部の事実上の主尊と考えられ、蓮華王《れんげおう》とも称されている（名目上は聖観音が代表）。京都東山の三十三間堂が正式には蓮華王院と呼ばれるのは、千一体の千手観音を奉安するからである。

千手観音の功徳を説く陀羅尼は、「千手千眼観世音菩薩大悲心陀羅尼」（略称「大悲心陀羅尼」）と呼ばれ、密教各派のみならず、禅門でも広く信仰を集めている。

不空羂索観音の成立

不空羂索《ふくうけんじやく》という耳慣れない名称の観音菩薩は、ある程度仏教なり、仏教美術に関心を持った人でないと、すぐにはピンとこない存在である。その漢訳名から正確に意味を読みとることも容易ではないが、一応「空しからざる羂索を持つもの」という意味になる。羂索とは、鳥や獣を捕える縄をいう。

原語にあたるサンスクリット語では、同尊のことを「アモーガパーシャ

(Amoghapāśa)」という。その意味は、漢訳名と同じく、「失敗することなく、(獲物を捕える) 羂索を持つもの」となる。すなわち、不空羂索観音の決め手は、この羂索であるわけであるが、それによって救いとって欲しいと願う人々の切なる望みから生じたものであろうか。

アモーガパーシャは、明らかに観音菩薩の名称の一つであるが、千手や馬頭のように、それがヒンドゥー教の中でどういう役割を果たしたかは不明である。たとえ、ヒンドゥー教の影響が多少あったとしても、不空羂索観音はどちらかといえば、仏教的要素の強い変化観音といえるのではなかろうか。

不空羂索観音の形像

不空羂索観音の経軌も相当数存するが、盛唐の菩提流志訳の『不空羂索神変真言経』三十巻が最も整備されている。経典には、一面八臂、三面四臂、三面六臂、一面十八臂などヴァラエティに富んだ姿が説かれているが、わが国では、そのうちの一面八臂像が標準になっている。同尊の特色は、手に羂索という捕獲用の縄を持ち、肩には原則として鹿皮をつけている。鹿皮を身につける観音像は、インドでもエローラ石窟やギャラスプル大塔（中インドのサーンチー付近）に見受けられるが、山岳民族の風習に由来するともいわれている。

また、額の中央に縦形の第三眼を持つことも大きな特徴で、これはシヴァ神と無関係ではない証左である。不空羂索観音に該当するアモーガパーシャは、ネパールでは今も篤く信仰されている。

不空羂索観音（『別尊雑記』）

不空羂索観音の信仰

わが国では、東大寺三月堂本尊の不空羂索観音菩薩像が余りにも有名である。同像は、脱乾漆《だつかんしつ》という当時流行の技法で、大仏に先立って造立されている。また、新興の藤原氏の守りぼとけとして、奈良興福寺の南円堂にも祀られているが、変化観音の中では、比較的異国色の残る尊格であって、平安時代後期以降、天台系の六観音に含まれることはあったが、単独で尊崇されることはほとんどなかったようである。

造像例も奈良・京都が大部分を占め、例外的な優品としては、福岡観世音寺の立像、および香川法蓮寺の坐像が知られている。

如意輪観音の成立

六観音・七観音の中で、その起源が最も不明瞭なのが如意輪観音である。右手を頬にそえて、ロダンの考える人のようなポーズをとるその姿は、わが国では如意輪観音独特の像容として広く知られているが、同じ姿をとる如意輪観音像は、日本以外ではわずかに敦煌千仏洞《せんぶつどう》の壁画（第十六乙窟）に知られるにすぎない。

それでは、発生の地インドでは如意輪観音はどういう内容のものであったのだろうか。まず大問題となるのが、その原語名である。これまでの大部分の辞書・事典類では、如意輪の原語を、「チンターマニ・チャクラ」（Cintāmaṇi-cakra）にあてていた。しかし、この説にはまったく文献的根拠はなく、漢語の「如意輪」を「如意（宝珠）」＋「輪」に分解し、それぞれに該当する梵語を対置したにすぎないと思われる。

これに対し、岩本裕博士は、菩提流志訳の『如意輪陀羅尼経』などに記される根本陀羅尼に見られる音写漢字などの諸資料を有効に利用され、新説として「チャクラヴァルティ・チンターマニ」（Cakravarti-cintāmaṇi）を主張された。この語の意味は、「どこにでも転がってゆく如意宝珠を持つもの」のことを指し、どの方角へも顔を向けている十一面観音でも、千本の腕を伸ばして救い上げてくれる千手観音でも満足できない信者の願いが、どこにでも現れてくれる如意輪観音というほとけを生み出したとしている。

壁画如意輪観音（敦煌千仏洞）

現在では、おおむねこの説が支持されているが、インドでの如意輪観音の信仰の実態、とくにヒンドゥー教との関係はまったく不明である。ただ、あえて私見を述べるならば、インドの如意輪観音は、もしあったとしても日本とは同じ姿ではなかった可能性が強い。また輪宝は、ヴィシュヌ神の代表的持物の一つであり、観音という尊格自体、ヴィシュヌ神のイメージの多くを拝借していることを考え合わせると、如意輪観音がインドで成立したことは、決して故なき現象ではない。

如意輪観音の形像

如意輪観音の像容にも、二臂、四臂、六臂、十臂と種類が多いが、日本で圧倒的に見受けられるのは、二臂像と六臂像である。二臂像は、各種の図像集、あるいは菩提流志訳の『如意輪陀羅尼経』に図例や典拠を見出し得るが、そこでは必ずしも右手を頬にあてる一種の思惟《しゆい》形をとっていないことが多い。

有名な大阪観心寺、奈良室生《むろう》寺《じ》、京都醍醐《だいご》寺《じ》などの如意輪観音像は、いずれも六臂で、その像容は、右足を立膝して坐し、右第一手を頬にあてて思惟の相をし、第二手は宝珠、第三手は念珠を持つ。左第一手は垂れて地を押え、第二手は蓮華、第三手は輪宝を持っている。

如意輪観音の信仰

如意輪観音菩薩を説く経典は、天平写経の中にかなりの点数を見出すことができるが、どうやら特殊な意図があったとは思われず、十一面観音や不空羂索観音ほど人々に受容されたとは思い難い。

ところが、奈良時代後半期になると、新種の観音としてとくに治病などの現世利益の面で評価されたとみえ、弓削《ゆげ》の道鏡などは葛城山《かつらぎ》で如意輪観音の行を修したと伝えられている。

平安時代になると、災難や病気をしずめる息災のほとけとして、むしろ変化観音の中で主流的な位置を占め、とくに六臂像は六道の救済と結びつけられたようである。また、伝説とはいえ、醍醐寺を開いた理源《りげん》大師聖宝《しょうぼう》が、准胝観音と如意輪観音をとりわけ信心したと伝え、現に醍醐寺を中心とする真言密教の小野方《おのがた》の法流では、行法過程の中に如意輪観音を本尊とする如意輪観音法をとくに設ける習慣が現在までも続いている。

馬頭観音の成立

六観音、七観音、そして三十三観音など数ある観音菩薩の中でも、例外ともいうべき恐ろしい姿をしたものに馬頭観音がある。この尊格の最もよく知られている原名は、ハヤグリーヴァ（Hayagrīva）で、「馬の頭を持つもの」という意味である。二十世紀初頭、カシュミール北方のギルギットから発見された梵文原典『ハヤグリーヴァ・ヴィディヤー』（『馬頭の明呪』）はその証左となる。

この尊格も、他の多くの変化観音と同様、ヒンドゥー教の世界から要素を導入したことは明らかである。最近の研究によると、ハヤグリーヴァ、およびその同義名である「ハヤシールシャ」(Hayasī＝rṣa)、「アシュヴァシラス」(Aśvaśiras) などの尊格を、ヒンドゥー教の神話の中に探ってみると、

(1)下級精霊のアスラの一員として、ヒンドゥー教のヴィシュヌ神に敵対するもの
(2)ヴィシュヌ神の化身となるもの
(3)独立した信仰の対象となるもの

などの発達段階があるといわれているが、どの段階のものが、いかにして仏教の中の観音に対置されるようになったかは明らかではない。

しかしながら、わたしなりの想像をめぐらすと、いずれにしてもヴィシュヌ神との関連を無視することはできまい。なぜならば、インドの石像彫刻、あるいは後期仏教の図像集資料を見ると、ハヤグリーヴァは、おおむね観音の侍者、もしくは眷《けん》属《ぞく》として考えられているからである。つまり、わが国で考える馬頭観音というよりは、当初は観音グループの付属者と見なされていたのであろう。

ところが、観音、とくに初期密教系の観音菩薩のイメージの中に、ヴィシュヌ神の要素が色濃く入ってきているのは、すでに触れたごとくである。持物の蓮華、四臂像の流行は単なる偶然ではないと思われる。したがって観音の眷属グループの中に、ヴィシュヌ神系のハヤグリーヴァが導入されるに至ったのであろう。

そして、後には観音の侍者ではなく、より昇格して観音の一種になったことは、わが国や中国に見られる馬頭観音の信仰、さらにはチベット訳に存在する『馬頭観音の陀羅尼』(Avalokiteśvara-Hayagrīva-dhāraṇī) などからも納得のゆくところである。

なお、馬の首を持った尊格が重視されたのは、教学的には、馬が牧草を飽くなく食べるように、諸々の悪い存在を食べ尽くすと説明しているが、文化史的に見れば、馬をトーテムとする種族の信仰から派生した可能性を否定できない。

三面八臂の馬頭観音像
(『別尊雑記』)

馬頭観音の形像

馬頭観音菩薩を単独に説く経軌は、想

像以上に少なく、七世紀中葉に訳された阿地瞿多《あちくった》訳の『陀羅尼集経《だらにじっきょう》』に馬頭観世音として登場して以後は、不空訳の『聖賀野紇哩縛大威怒王立成大神験供養念誦儀軌《しょうがやきりばだいいぬおうりゅうじょうだいじんけんくようねんじゅぎき》法品《ほうぼん》』を待たねばならない。もっとも、『不空羂索神変真言経』、『摂無礙経《しょうむげきょう》』（別名『補陀落海会軌《ふだらくかいえき》』）には、マンダラ中の一尊として取り上げられている。

それを見ると、三面二臂、三面四臂、三面八臂、四面八臂などこれまた多様である。同尊の最大の特色は、慈悲柔和な観音部族の中にあって、例外的に恐ろしい威《い》怒王《ぬおう》の姿をしていることである。別に「馬頭明王」と扱われることも決して不思議ではない。また、尊名にちなんで馬頭を頂《いただき》に付す例が多いが、『胎蔵図像』のように馬頭を直接頭にするものもある。

馬頭観音も、その特異な性格から作例は余り多くないが、古いものでは奈良の大安寺像、また藤原時代の作例には、福岡の観世音寺像、アメリカのボストン美術館の絹本著色馬頭観音像などがある。

馬頭観音の信仰

馬頭観音独自の信仰は、いささかなじみのうすいものであったようである。最初の造像例として史料類は、奈良の西大寺のものをあげうるが（『西大寺資財帳』）現存していない。平安時代以後、六観音の一つにあげられ、その容貌から六道輪廻の中の畜生界を司っている。観音菩薩を祀る西国三十三か所霊場でも、馬頭観音を本尊とするのは、わずかに第二十九番の丹後松尾寺のみである。

もっとも、ほとけたちの普及化が進んだ中世以後は、馬頭観音は「馬」という特色を活かして、畜類の守り神や旅行の守りぼとけとして新しい信仰をかち得ていったようである。最近では、著名な競走馬の事故死に伴う葬儀を馬頭観音の寺で実施している。

准胝観音の成立

六観音・七観音の最後に位置するといってよい准胝《じゅんてい》は、その原語をチュンディー(Cundī)という。准胝はその音写であることがわかる。この尊格は、日本の真言宗、とくに醍醐寺などの小野流では観音の一種として扱っているが、梵文、漢文資料を問わず、それを観音と規定したものは存在しない。

それにかわって、准胝のことを「仏母《ぶつも》」と呼ぶことが多い。「仏母」という用語は、穏当に考えると、「仏の母」となりやすい。事実、わが国ではこの解釈を用い、「仏を出生する母」などという一種の大地母神のような出生尊のイメージが強い。

けれども、「仏母」という言葉のうち、「母」とは、「父の配偶者」の意味があることを忘れてはならない。それゆえ、「仏母」の本来の意味は、「仏の配偶女尊」であり、尊格の婚姻関係の非常に進んだインドでは、チュンディーは、観音でも菩薩でもなく、女尊のグループに配されることが多い。

漢訳の准胝を説く経軌には、不空訳『七倶胝仏母所説准提陀羅尼経』があり、真撰・偽撰の判定に少し手間どるものの、唐代中国密教の著名僧にはほとんど同尊に関する訳経があるような勢いである。

すべての経軌名中に付されている「七倶胝《しちくてい》」という語は、梵語のsaptakoti の意訳（七）と音写（倶胝《くてい》）である。倶胝は、非常に大きな数の単位を示し、過去の無量無数の仏母たちが衆生救済のために効験ある陀羅尼を説いたという。

准胝観音の形像

准胝観音は、金剛智訳『七倶胝仏母准胝大明陀羅尼経』などに、三目十八臂の像形を説くことから、わが国ではすべてこの姿をとる。また、左手に般若波羅蜜多《はんにゃはらみた》の経巻を持つことが特徴的である。台座の下に難陀《なんだ》・抜難陀《ばつなんだ》の二龍王がいて、蓮弁を支えているのは、釈尊を守護する二龍王のイメージの導入を示唆しており、そこに

「仏母」たる所以があるといえよう。

准胝観音の信仰

准胝観音の経典は、他の変化観音のそれと同様、八世紀にはわが国に伝えられていたが、奈良時代に准胝観音の造像や信仰が行われていた形跡はない。

准胝観音の信仰を語る上で無視できないのは、醍醐寺の開基で修験道の大立者である聖宝《しょうぼう》である。聖宝は、上醍醐寺を開くにあたって、まず山頂に准胝堂を建てて、准胝・如意輪の両観音像を安置したという。そして伝承では、この准胝観音に祈願して、後に村上天皇の誕生を得たとも伝えている。史実としての信憑性はともかく、その後、准胝観音は求児（子授け）のほとけとして人々に知られるようになったのである。

准胝観音像（『別尊雑記』）

楊柳観音像（奈良大安寺）

そのほかの観音たち

六観音・七観音には含まれなかったが、観音菩薩の一種として人々に親しまれたほとけに、白衣《びゃくえ》観音、葉衣《ようえ》観音、楊柳《ようりゅう》観音、水月《すいげつ》観音などがある。このうち、白衣・葉衣の二観音は、元来インドの女尊であったが、女尊の独立したグループを持たない日本では、最も女性的イメージが強い観音菩薩の範疇《はんちゅう》に吸収されている。

白衣観音は、中国風の白衣をまとった慈悲深い母の面影があるため、わが国では准胝観音とともに求児・安産・育児のほとけと見なされることが少なくない。

楊柳観音と水月観音は、ともに中国（一説中央アジア）成立のほとけと考えられている。楊柳観音のシンボルである柳の枝は、種々の病気を取り除く効力があると信じられ、民間でもいわゆる「柳のお加持」が授けられている。奈良の大安寺の楊柳観音は、やや恐ろしそうな顔付きであるが、わが国の数少ない楊柳観音像の優品である（異説もある）。

水月観音は、経典根拠はないが、水中の月を見る姿に描かれたものが禅画などで愛好されている。実際の形態は、白衣観音に近い。この観音は、人の愛情や恩顧を得る敬愛や財宝を得る得財に功徳があるといわれている。

観音の三十三化身

観音菩薩を主尊として説く経典が成立してくるにつれて、威力を持ち、しかも慈悲深い観音菩薩は様々な姿をとって現れるようになってきた。その中には、『首楞《しゆりよう》厳経《ごんきよう》』に説く三十二応現、『千光眼観自在菩薩秘密経』の二十五化身など様々の顕現があり、それだけ観音菩薩の有難さを反映しているのであるが、それらの間でも、最も人口に膾炙《かいしや》し、ほとんど観音の化身説を独占しているのが、『妙法蓮華経（法華経）』の「観世音菩薩普門品」である。

そこでは、相手の違いに応じて様々に姿をかえて顕現するが、その内容は以下の三十三種である。

なお、「三十三」という数は、古代インドではかなり大きな宗教的意味を持っていた。たとえば、古代インドの聖歌集『リグ・ヴェーダ』では、多種多様な自然神を、天界・空界・地界に分類し、それぞれに主要神十一体を配し、三界の神の総数を三十三神であるとしている。

この考えが仏教に採り入れられて、三十三天となり、またそれを音写して忉利天《とうりてん》という。忉利という語は、三十三を表すトゥラヤス・トゥリンシャトの俗語形の音写と考えられるが、その実際の俗語形はまだ文献から確定されていない。

ともあれ、三十三身の変化に富んだ内容を取り上げてみよう。

1仏身　観音は、現在は菩薩の位にあるが、中国撰述の『観世音三昧経』などでは、観音の前世は正法明《しょうほうみょう》如来であったと説く。ほかにも、来世に特別の名称の如来になるとする経典も少なくない。

2辟支仏身《びゃくしぶつ》　辟支仏とは、梵語のプラティエーカ・ブッダの音写で、独覚《どっかく》、縁覚《えんがく》とも訳される。自ら、しかも独力で悟りを開いたもの。

3声聞《しょうもん》身　仏の教えを直接聞いて悟るもの。

4梵王《ぼんおう》身　ヒンドゥー教の世界創造の神。仏教では梵天となる。

5帝釈《たいしゃく》身　バラモン教以来のインドラ神。仏教では帝釈天となり、仏法を守る。

6自在天身　次項の大自在天と区別があるとすれば、こちらがヒンドゥー教の主要三神の一つのヴィシュヌ神をさすものか。

7大自在天身　ヒンドゥー教の破壊の神シヴァを仏教化したもの。

8天大将軍身　やや得体の知れない内容。天王と将軍を合わせたものという見解と、天王の将軍という見解とがある。

9毘沙門《びしゃもん》身　インドの財宝神クヴェーラを仏教化したもの。仏教では、四天王、十二天の一つ。

10小王身
11長者身
12居士《こじ》身
13宰官《さいかん》身
14婆羅門《ばらもん》身

以上は、五人身と呼ばれ、古代インド社会の王族・富豪・在俗の賢者・官人・僧侶の各階層のものをさす。

15比丘《びく》身
16比丘尼《びくに》身
17優婆塞《うばそく》身
18優婆夷《うばい》身

以上を四部衆身といい、順に男性の出家修行者、女性の出家修行者、男性の在家修行者、女性の在家修行者をいう。

19長者婦女身
20居士婦女身
21宰官婦女身
22婆羅門婦女身　四婦女身といい、第十一身から第十四身までの各々の妻にあたる。

23童男身
24童女身　二童身、つまり男の子と女の子をさす。

25天身
26龍身
27夜叉《やしゃ》身
28乾闥婆《けんだつば》身
29阿修羅身
30迦楼羅《かるら》身
31緊那羅《きんなら》身
32摩睺羅伽《まごらか》身　これらの八化身は、八部身といい、仏教を守護する天龍八部衆をさす。内容はインドの下級精霊神を集合したものである。

33執金剛《しっこんごう》身　持《じ》金剛《こんごう》ともいい、手に武器の一種金剛杵を持って、釈尊や仏教を守るボディガード。

以上が、『観音経』に説く三十三の化身である。詳しくいうと、現今の『観音経』の中には、「三十三」という数字は見当たらないが、後にはこの数が観音のキーナンバー（根本数字）となって、西国三十三か所などの信仰に定着していくのである。

三十三観音

先に触れた観音の三十三化身の考えを受け、わが国において、七観音以外の種々の観音を集合して三十三観音とすることが行われた。これには、もちろん経典や儀軌の典拠はなく、一般庶民のさまざまな観音信仰がエネルギーとなったものであろう。

葉衣観音（『別尊雑記』）

　この三十三観音が成立した時期は、江戸時代の中頃と推定されている。尾張徳川家の臣である天野《あまの》信景《さだかげ》が著した随筆集『塩尻』には、「観音には多くの形像がある」と述べ、われわれに親しい七観音のほかに、白衣《びゃくえ》・多羅《たら》・葉衣《ようえ》・毘倶胝《びくち》・青頸《しょうきょう》・香王《こうおう》・楊柳《ようりゅう》・水月《すいげつ》・阿摩《あま》提《だい》・灑水《しゃすい》・梵篋《ぼんきょう》・魚籃《ぎょらん》という十二体の観音の名前が記されている。これらのうち、毘倶胝観音以外はすべて三十三観音に含まれるものである。

なお、『塩尻』は、もと様々の名で伝えられていた信景の随筆を、天明二年（一七八二）に堀田《ほった》方旧《まさひさ》が集大成し、百巻本にしたものである。

天明三年（一七八三）に増補刊行された仏教の図像集に『仏像図彙』なるものがあるが、これには以下に述べる順で、三十三体の観音菩薩が掲げられている。

1 楊柳《ようりゅう》観音
2 龍頭《りゅうず》観音
3 持経《じきょう》観音
4 円光《えんこう》観音
5 遊戯《ゆげ》観音
6 白衣《びゃくえ》観音
7 蓮臥《れんが》観音
8 滝見《たきみ》観音
9 施薬《せやく》観音
10 魚籃《ぎょらん》観音
11 徳王《とくおう》観音
12 水月《すいげつ》観音
13 一葉《いちよう》観音
14 青頸《しょうきょう》観音
15 威徳《いとく》観音
16 延命《えんめい》観音
17 衆宝《しゅうほう》観音
18 岩戸《いわと》観音
19 能静《のうじょう》観音
20 阿耨《あのく》観音
21 阿摩提《あまだい》観音
22 葉衣《ようえ》観音
23 瑠璃《るり》観音
24 多羅《たら》（尊）観音
25 蛤蜊《はまぐり》観音
26 六時《ろくじ》観音
27 普悲《ふひ》観音
28 馬郎婦《めろうふ》観音
29 合掌《がっしょう》観音
30 一如《いちにょ》観音
31 不二《ふに》観音
32 持蓮《じれん》観音

33 灑水《しゃすい》観音

これらの中には、白衣・青頸・阿摩提・葉衣・多羅のようにインドでの成立が確実なもの、魚籃・水月・蛤蜊・馬郎婦などのように中国での伝承を受けて成立したもの、さらに、持経（声聞身）・徳王（梵王身）・普悲（大自在天身）・合掌（婆羅門身）などのように、三十三化身の影響を受けたもの、灑水・施薬・円光・滝見などのように『観音経』の文句からヒントを得たと推定されるものなどヴァラエティに富んでいるが、いずれにしても、江戸時代において、秩父札所巡礼などの盛行とともに民間での観音信仰が集大成され、こうした日本的な三十三観音が成立したのではなかろうか。

なお、ネパールには百八観音という多様な観音菩薩のグループがあり、カトマンドゥ市のマチェンドラナータ寺院には、それらの図が掲げられている。

慈悲のほとけ観音菩薩の利益

観音菩薩の霊験説話集

仏教の中でも最も慈悲深く、人々に慕われている観音菩薩の不思議な霊験や有難い御利益を記した書は、古来数多く撰集されている。

仏教成立の地インドでは、前世の善い行為によって、現世で素晴らしい果報を得たという本生話《ほんしょうわ》や因縁話《いんねんわ》は数多く作られているが、初期の仏教では、あくまで個人の行為がキーポイントになるため、特定の尊格を信じることを通して功徳を得るという話は、大乗仏教をまたねばならなかった。また、実際の資料としては、サンスクリット語や俗語のプラークリット語で書かれた霊験集はほとんどなく、むしろ後代のチベット史書がインドの高僧の伝記に関して、観音菩薩や文殊菩薩の偉徳を挿入するケースが見られる。

中国では、仏教の受容段階で、教義よりもむしろ霊異・神通力のあるものとして受容されたこともあって、早くから多くの感応《かんのう》説話集が撰述された。感応とは、われわれの祈りに神仏が応えて恩恵を与えることである。

代表的な仏教感応説話集には、

(1)『冥祥記《めいしょうき》』　梁《りょう》　王琰《おうえん》撰
(2)『集神州三宝感通録《しゅうじんしゅうさんぼうかんつうろく》』　唐　道宣《どうせん》撰
(3)『冥報記《めいほうき》』　唐　唐臨撰
(4)『三宝感応要略録《さんぼうかんのうようりゃくろく》』　遼　非濁《ひだく》撰

などがあり、これらを素材にして、

(1)『法苑珠林《ほうおんじゅりん》』　唐　道世《どうせい》撰
(2)『太平広記《たいへいこうき》』　宋　李昉《りぼう》撰

など大部の百科全書が編纂されている。

このうち、『冥祥記』は、呉興《ごこう》の県令（県の長官）となった王琰が、五世紀の末頃に著した仏教説話集であり、輪廻転生や地獄めぐりなどの話に交じって、観音菩薩の霊験譚が説かれている。

一例として、晋《しん》の竺長舒《じくちょうじょ》の話を取り上げたい。


晋の元康《げんこう》年間（二九一―二九九）に、富豪の竺長舒が洛陽に移住してきた。彼は篤く仏法に帰依し、とりわけ『観音経』を愛誦していた。

ある日、近所から火事が起こり、風下にある長舒の家の方へ燃え広がってきた。彼は観念して、一心に経文を唱え続けた。すると、何ということか。風向きがにわかに変わり、火も家すれすれのところで消えてしまった。人々は霊験だと感心し合ったのである。

すると、村に数人の悪童がいて、「それなら、一度試してやろう」と、空気の乾いた風の強い日に、たいまつに火をつけて、その屋根に投げつけた。ところが三度投げて三度とも消えたので、大いに恐れおののき、翌朝、長舒のところに謝罪にきた。

長舒は、「私にはまったく神力はないが、ただ観世音菩薩にお祈りしている。その霊力のお助けだったのでしょう」と語ったという。

この話は、火難の時に、『観音経』を唱え、観音菩薩にお祈りすることによって救われた霊験であるが、容易に想像されるごとく、『観音経』の「世尊偈」に説く、

仮使《けし》興害意《こうがいい》　推落《すいらく》大火坑《だいかきょう》
念彼《ねんぴ》観音力《かんのんりき》　火坑変成池《かきょうへんじょうち》

（たとえ害意を持つ者によって、大きな火の坑《あな》に落とされても、かの観音菩薩の力を念じたならば、火の坑は池にかわってしまうであろう）

という火難除《よ》けを意識した話といえるであろう。

また、観音菩薩や『観音経』に限って、その霊験譚を収録した説話集には、

(1)『光世音応験記《こうぜおんおうげんき》』　劉宋　傅亮《ふりょう》
(2)『続光世音応験記』　劉宋　張演《ちょうえん》
(3)『繋《けい》観世音応験記』　陸杲《りくごう》

などがあり、牧田諦亮博士は、以上三編計八十六条を校訂して、『六朝古逸観世音応験記の研究』を刊行している。

新しくは、清の順治《じゅんち》十六年（一六五九）に、周克復が撰述した『観音経持験記』、および弘賛の『観音慈林集』などがあるが、とくに前者は、宋・元・明・清代の新しい霊験譚が多数収められており、六朝時代以来盛んになった観音信仰が近世に入っても衰えなかったことを示している。

日本の観音霊験話および縁起絵巻

一方、日本では、観音菩薩のみを扱った単独の説話集は、江戸時代に刊行された、

(1)『観音冥応集《かんのんみようおうしゆう》』六巻　蓮体《れんたい》撰
(2)『観音霊験記《かんのんれいげんき》』十巻　亮盛《りようせい》編
(3)『観音感通伝《かんのんかんつうでん》』三巻　潮音道海《ちようおんどうかい》述

などを別にすれば、想像以上に少ない。観音信仰が根強いだけに、この現象はいささか奇異の感がしないでもない。

もっとも、それにかわるものとして、わが国で古来盛んに撰述された説話集、たとえば、

(1)『日本霊異記』　伝景戒撰
(2)『今昔物語』　伝　源《みなもとのたかくに》 隆国撰
(3)『宝物集《ほうぶつしゅう》』　平　康頼《たいらのやすより》撰
(4)『三宝絵詞《さんぼうえことば》』　源為憲《ためのり》撰

などでは、全体の説話のかなりの部分が観音菩薩、あるいは『観音経』にかかわるものである。

その中に、観音菩薩に危ういところを助けられた話が圧倒的に多いが、富・異性・身分など現世で望みうる限りのものを観音菩薩におねだりしたという虫の良い話が『日本霊異記』に収録されている。

聖武天皇の頃、御手代《みたしろ》の東人《あずまびと》という者が吉野山で仏道の修行をしていた。彼はある時、「観音菩薩さま、どうか銅銭万貫、白米万石、そして美女を得るこ

とができますように」と祈願した。

そうしたところ、折りしも豪族栗田氏の一人娘が急病となり、彼が呼ばれて祈禱《きとう》した。その結果、快癒した彼女は、東人と熱烈な恋に陥り、娘の欲求もあって彼は入り婿となって、富と地位と女まで得ることができたという。

まことに願ったり、叶ったりの話であるが、こういう望みをも満たしてくれるところに観音菩薩の観音菩薩たる所以《ゆえん》があるといえる。人々は、決して大日如来や阿弥陀如来にこのような願をかけるわけではなく、観音菩薩であるからこそ、思わずすがらずにはいられないのである。

観音菩薩の霊験を扱った絵巻も、地蔵菩薩に劣らず遺存しているが、霊験説話を集成した例は少なく、主なものは、以下のような著名な寺院の本尊である観音菩薩の建立縁起を記したものである。

(1)『粉河寺縁起絵巻《こかわでらえんぎえまき》』一巻　粉河寺蔵
(2)『石山寺縁起絵巻《いしやまでら》』七巻　石山寺蔵
(3)『清水寺縁起絵巻《きよみずでら》』三巻　東京国立博物館蔵

清水寺縁起（東京国立博物館）

紙数の都合もあるので、(3)の清水寺縁起絵巻に関してのみ簡単に触れておきたい。

同縁起は、十六世紀の初め、土佐光信の筆になり、上中下の三巻、計三十三段よりなる。三十三は、観音菩薩のキーナンバーである。上中二巻には、本寺草創の延鎮《えんちん》（最初は賢心という）の説話と坂上田村麿の帰依など、また下巻に同寺の千手観音の霊験の数々を表現している。地蔵菩薩の霊験を扱った星光寺縁起とともに、室町初期の代表的絵師、土佐光信の代表作といえよう。

観音菩薩の縁日

様々なほとけたちに特定の縁日をふりあてる発想は、経典や儀軌《ぎき》の中には見られないが、南宋時代にその萌芽らしきものが現れ、わが国では室町時代にはかなり普及していたようである。その中で、観音菩薩の縁日は毎月十八日にあてられている。全国の数ある観音霊場もこの日は参詣者がとりわけ多い。

これとは別に、七月十日を四万六千日もしくは九万八千日、九万九千日といい、この日に観音参りをすれば、千日間もしくは四万六千日間等参詣した功徳があるという習俗が生じてきた。こうした参詣の特別の功徳日は、毎月一回ずつ設けられているが、七月十日が最も功徳が多く、四万六千日分にあたるのである。四万六千日の流行は、江戸時代の享保年間（一七一六―一七三六）に成立した『江府《こうふ》年中行事』にいわれるものが最初のようで、それ以前は同じ七月十日を観音千日詣りと称していた。

この四万六千という数の根拠に関しては、一升の米の粒が四万六千粒あり、四万六千とは一生という意味であるとか、よく使われる仏教論書の一つ『釈摩訶衍論《しゃくまかえんろん》』に説かれる信成就《しんじょうじゅ》（信心の完成）の劫量《こうりょう》（必要期間）が六万四千・二万六千・四万八千六十などとあること、さらには道教で日々の善悪度を算定する功過格《こうかかく》の思想から割り出す数値から四万六千日の近似値が導き出されるという説など、諸説が提示されているが、いずれも決定的な承認を得るには至っていない。

ともあれ、四万六千日は、京都清水寺、東京浅草寺、神戸摩耶山《まやさん》天上寺など著名な観音霊場で、今も多くの民衆の信仰を集めているのである。

京都清水寺の霊験話

観光地京都でも平安神宮と並んでその筆頭に位置する清水寺は、観音信仰の名刹である。現在北法相宗《きたほっそう》を称しているが、平安時代の初頭、笠置山《かさぎやま》のふもとの観音寺をここに移し、報恩大師の弟子延鎮が開創したもので、征夷大将軍の名を残した坂上田村麿の帰依をうけて大いに伽藍《がらん》を興したことに始まる。

本尊は、木彫千手観音で、秘仏のため拝観できないが、『清水寺縁起』によって次のような霊験話が伝えられている。

昔、都近くに身寄りのない一人の女が住んでいたが、幼少より当寺の観音に帰依していた。二十歳の頃、世のわびしさに堪え切れず七日間の参籠をしたところ、結願《けちがん》の夜、夢に隣の屏風にかけてある小袖を持って帰るようお告げがあった。そのとおりにすると、五条あたりで立派な武士に見初められ、その妻として陸奥へ下った。

その後、幸福に暮らしていたが、年をへて都が恋しくなり、数人の供人を連れて里帰りをした。ところが、身寄りがないのでは都合が悪く、しかるべき武家邸の女主人に事情を話して、伯母と姪《めい》の関係であるとふるまっていた。

さてこの二人、本当の親子のように仲良くなったので、かつての清水寺参籠の時の夢告《むこく》の話をして、小袖の出来事を述べると、何とその小袖こそ、かの家の女主人の失くしたものではないか。二人は互いに驚くとともに、観音菩薩の温かいお導きを感謝し、その後も末長く交際を保ったという。

陸奥の大名に見初められたというのは、当時の大檀越《だいだんおつ》(スポンサー)坂上田村麿のイメージがあったのであろうが、薄幸の女が観音菩薩の御利益によって幸福を得たという心温まる物語である。

壺坂霊験記

奈良県高市郡高取町にある新義真言宗豊山《ぶざん》派の南法華寺は、通称壺阪寺《つぼさかでら》の名で人々に親しまれている西国三十三か所第六番の札所である。創建については、大宝三年(七〇三)、善心尼《ぜんしんに》の創建という説と、養老年間(七一七―七二四)弁基僧正によって開創という説がある。

ここに伝わる『壺坂霊験記』は、本尊千手観音の霊験話であり、義太夫や浪曲の主題として多くの人々に愛好されている。

昔、壺坂観音を信仰する沢市《さわいち》という盲人がいた。彼には、お里という貞節で、これまた信心深い妻がいて、杖として沢市を支えてきた。しかしあることから、沢市は妻の潔白を邪推し、身の不幸を悲しんで、観音堂裏の断崖から身を投げた。お里はそれを知ってなげき、悲しみ、自らも死のうとしたが、観音菩薩の慈悲によって、沢市は蘇生し、しかも見えない目までが開く御利益《ごりやく》を得たという。

話そのものは、古くから伝わっていたが、明治十二年（一八七九）十月に、大阪で開演された『西国三十三か所観音霊験記』から、三味線の名手豊沢団平《とよざわだんぺい》の妻加古《かこ》千賀《ちが》が脚色・改作した『三十三所花野山』三十段返しのうち「壺坂寺の段」が伝存したものといわれる。

三世の竹本大隅太夫《たけもとおおすみだゆう》が、二世豊沢団平の三味線で語って好評を博して以来、代表的な義太夫となって愛唱されている。浪曲では先代の浪花亭綾太郎《なにわていあやたろう》の十八番としてファンが多い。

葛井寺の千手観音霊験話

南河内の藤井寺市にある剛琳寺《ごうりんじ》は、古来藤井寺《ふじい》（葛井寺《ふじい》）の名で親しまれてきた。この寺が葛井寺と称された淵源については、神亀二年（七二五）、聖武天皇が、百済《くだら》の王仁《わに》の一族ゆかりの葛井の旧跡に大伽藍を建立し、葛井寺と名づけたという。また堀河天皇の治世（一〇八六—一一〇七）、大和の国の住人、藤井安基《ふじいやすもと》が荒れ果てた伽藍《がらん》の再興を行ったので、その俗姓をとって藤井寺と呼ぶようになったとも伝えている。

同寺の本尊は、国宝指定の木心乾漆《もくしんかんしつ》の千手千眼観音像であり、天平時代末期の優品であるが、同寺の縁起である『藤井寺観音略霊験記』によれば、次のような話が伝わっている。

永長元年（一〇九六）の頃、大和国加留里《かるり》の郷に藤井安基なる乱暴者がいた。彼は近くの山寺に乱入しては、仏具をこわし、狼藉《ろうぜき》の限りを尽くしたが、その報いを受けて、ある日仮死状態に陥った。三日後、奇跡的に息を吹き返したが、そこで罪業深き自分の所行によって冥府の閻魔大王の前に引き立てられた時の話をしたのである。

彼は、数々の悪業によって無間《むけん》地獄へ落ちるはずであったが、老僧の姿をした観音菩薩が、長谷寺建立の時、用材を運んだというたった一つの善業があったことを説き、その結果許されて、現世に蘇生することを得たのである。

以後、安基は長谷寺をはじめ、諸国の観音霊場に参ったが、河内の剛林寺ではその荒廃ぶりを悼《いた》み、諸方に勧進して三年後、七堂伽藍を復興したという。

この話では、観音菩薩が冥府救済の働きをしている点が興味深いとともに、長谷寺が当時すでに観音霊場としてかなりの影響を与えていた事実を読みとることができる。

紀州粉河寺の千手観音霊験話

「父母のめぐみも深き粉河寺《こかわでら》　仏のちかい頼もしの身や」と御詠歌に歌われる粉河寺は、和歌山県紀の川市粉河にある西国観音霊場第三番の札所である。宝亀元年

（七七〇）、当地の人大伴孔子古《おおとものくじこ》の草創にかかわるといわれ、現在は天台系の粉河観音宗に属している。

粉河という名称は、川の水が粉のように白かったところから名づけられたという。同寺の本尊は、秘仏の千手千眼観音であるが、国宝の『粉河寺縁起絵巻』には、以下の二つの観音の利生《りしよう》物語が説かれている。

まず前半の話では、平安時代初期の宝亀年間、紀伊国那賀《なか》郡に大伴孔子古という名の猟師がいた。ある夜、光を発する霊地を見つけ、庵を作っていたが、ある日一人の童子が訪れ、七日間、庵にこもって金色の千手観音像を刻んだ後、その姿を消した。この童子が観音菩薩の化身に違いないと信じた孔子古は、弓矢を捨てて信仰の道に入ったのである。彼こそが同寺の開基と伝えられている。

後半も同じ頃の話であるが、河内国の左太夫という長者の娘が重病にかかった。そこへ一人の童子が現れて加持し、娘は平癒を得た。童子は、娘の使っていた箸筒《はしづつ》だけを御礼に受け取り、「紀州の粉河に住むもの」とのみ言い残して去ってしまった。翌年、長者の一家が粉河に探しに行くと、小さな庵があり、中に安置されていた千手観音の手に娘の箸筒があったので、さてはあの童子こそは観音菩薩の化身と知り、孔子古とともに粉河寺を建立したという。

建立説話に二組の人物が登場し、協力し合うというのは少し珍しいパターンであるが、観音菩薩の御加護による病気平癒は、『今昔物語』にもよく見受けられる。御詠歌の内容は、後半の説話にちなんだものであろうか。

なお、同寺はその後大いに栄えたが、天正十三年（一五八五）、豊臣秀吉の根来《ねごろ》攻めの余波を受けて一山灰燼《かいじん》に帰した。しかし、紀州徳川家の庇護を受けて再建され、今でも観音巡礼の寺として訪れる人が多い。

山城蟹満寺の観音霊験話

京都府木津川市にある普門山蟹満《かにまん》寺は、現在は真言宗智山《ちさん》派に属している。寺伝によると、行基菩薩の開基で、本尊は白鳳時代の銅造釈迦如来坐像である。現在の寺名である蟹満寺という非常に特異な呼称に関しては、『今昔物語』巻十六や『元《げん》亨釈書《こうしゃくしょ》』巻二十八などに、『観音経』信仰と蟹・蛇伝説の結びついた興味深い話が認められる。

昔、山城の国、久世《くぜ》の郡に『観音経』をひたすら信心していた慈悲深い娘がいた。ある日、生きた蟹を持ち歩く男を見て、娘はあわれに思い、頼んで逃してやった。ところで蛙が蛇に飲まれようとしているのを見た娘の父親もやはり情け深い男であり、「娘を嫁にやるから、蛙を助けてくれ」と言ってしまったのである。

果たして、三日ののち、蛇は高貴な人に化けて娘をもらいに来た。娘は一室にとじ込もり、一心に『観音経』を唱えた。蛇は怒って部屋をぐるぐる巻きにして、壊そうとしたが不思議なことに夜半には物音がしなくなってしまったのである。翌朝、見てみると、大きな蟹を頭《かしら》に幾千万とも知れぬ蟹が集まって蛇を刺し殺していた。喜んだ父娘は、観音菩薩の御加護を感謝するとともに、蛇を殺した蟹の罪を救うために、この土地を掘って蛇の屍体を埋め、その上に寺を建てて、供養した。その寺の名を蟹満多寺《かにまたでら》というが、今の人はその名を訛《なま》って紙幡寺《かみはたでら》というと説いている。

要するに、『観音経』の功徳を強調した話であるとともに、世人はこの娘を観音菩薩の化身であると尊んだとも伝えている。経典と尊格がミックスして、より霊験のある内容に発展していったのであろう。

もっとも、別の史的解釈を採用すれば、この地には古くから染色を業とする帰化人の集落があり、その織物の名（カムハタ）をとって綺田《かばた》と呼ばれていた。したがって、その寺を紙幡寺といい、村の名も音通で蟹幡《かむはた》と表記していたこともあるという。それゆえ、この「カムハタ」が蟹満に転化し、逆にその仮借字から蟹の報恩伝説が作り出され、観音信仰と結びつけられた可能性を否定することはできない。

西国の観音札所

六観音・七観音という複数の観音菩薩を合わせて参拝する信仰形態が生じてくると、地蔵菩薩の場合における六地蔵巡りのケースと同様に、最初は一か所に六体の観音像を安置していたはずであるが、次第に著名な観音霊場を六か所、もしくは七か所巡礼するように変化してきた。平安時代の末期には、清水寺や石山寺などの七観音を巡礼する風習が生じてきたという。この七観音巡りが直ちに三十三か所霊場に展開したと断言できないが、一つの母胎になった可能性は強い。

観音の三十三化身、および三十三観音に由来する西国三十三か所の観音霊場巡礼は、十世紀の頃、花山《かざん》法皇（九六八—一〇〇八）が始められたと伝えられている。確かに、三十三か所の御詠歌の中には花山法皇の御作と伝えるものも見られる。現に花山法皇は、信心が篤くて諸寺への参詣を好み、紀伊の熊野や播州の書写山に足を運んだ記録が残っているが、三十三か所の寺の中には、花山法皇以後の建立になる寺も含まれており、この説自体、室町時代になって禅門の僧などによって広められたらしい。

史料的に三十三か所が言及される初期のものは、十三世紀の初め、三井寺《みいでら》の僧の伝記を集めた『寺門高僧記』に記される僧覚忠《かくちゅう》（一一一八―一一七七）の『三十三所巡礼記』である。

そこでは、「応保元年（一一六一）正月、三十三か所を巡礼してこれを記す」と述べ、以下のように、熊野の那智から宇治の御室戸《みむろと》に及ぶ三十三か所を列挙している。

1那智山　2金剛宝寺（紀三井寺）
3粉河寺　4南法華寺（壺阪寺）
5竜蓋《りゅうがい》寺（岡寺）　6長谷寺
7興福寺南円堂　8施福《せふく》寺（槇尾寺）
9剛琳寺（葛井寺）　10総持寺
11勝尾《かつお》寺　12仲山寺（中山寺）

13 播磨清水寺
14 播磨法華寺
15 書写山（円教寺）
16 成相《なりあい》寺
17 松尾寺
18 竹生《ちくぶ》島《しま》（宝厳寺）
19 谷汲山《たにぐみさん》（華厳寺）
20 観音正寺
21 長命寺
22 三井寺如意輪堂
23 石山寺
24 岩間寺（正法寺）
25 上醍醐寺
26 東山観音寺
27 六波羅蜜寺
28 清水寺
29 六角堂
30 行願寺（革堂《こうどう》）
31 善峰寺
32 菩提寺（穴太《あなお》寺）
33 御室戸山

一見して明らかなごとく、右記の三十三か所は、現在一種のブームの観を呈している西国三十三か所とまったく異ならないが、順序が大きく変わっている。つまり、一言でいえば、京都中心の周遊コースになっている点に大きな特色があるといえる。

この覚忠という僧は、九条兼実《くじょうかねざね》と慈円《じえん》の異母兄弟という名門の血筋をひく高僧で

西国巡礼の一寺・今熊野観音寺

あったが、とくに三井寺系修験と関係が深く、彼自身、当時の聖や修験者の風潮にしたがって、京都を中心に、近畿地方の観音霊場を巡礼したものと思われる。
このように、平安時代末期に形を整えた三十三か所巡礼は、中世の民衆文化の進展とともに、貴族階級の遊山《ゆさん》や修験者独自の巡礼にとどまらず、次第に大衆の参加する巡礼の様相を顕著にしていった。と同時に、鎌倉幕府成立以後の関東の比重上昇につれて、京都主導型の順路から次第に関東からの巡礼者の便宜をはかるコースへと再編成された。すなわち明応八年（一四九九）にできた『天陰語録』に「南紀の那智にはじまり、東濃の谷汲に終わる」とあるように、東国から東海道経由で伊勢神社に参拝した後、那智山から出発して、紀伊・河内・和泉・大和から京都山城に入り、さらに丹波・摂津・播磨まで行って、丹後・若狭を経て、近江に戻り、美濃の谷汲山で打ち止めして関東に戻る順路が十五世紀末の頃には確立していたものと思われる。

なお、「西国三十三か所」という冠称の「西国」は、初期の史料には認められない。「西国」という語が登場するのは、享徳三年（一四五四）成立の五山の僧慧鳳《えほう》の『竹居清事《ちつきよせいじ》』に「西州三十三所巡礼」と記したものであるというが、この十五世紀の頃になると、西国に加えて、坂東の三十三か所も隆盛となってきたため、区別する必要が生じてきたのであろう。

また、「西国」という名称は、「坂東」に対する「西国」の意味にも理解できるが、京都を中心に「西方」の播磨などを含むための呼称であるという見解もあることを付記しておきたい。

現在の西国三十三か所の寺名・宗派・本尊・所在を列記しておくと次のようである。

寺　名	宗　派	本尊（観音）	所　在
1 青岸渡寺《せいがんとじ》	天台宗	如意輪	和歌山県東牟婁《むろ》郡那智勝浦町

2 紀三井《きみい》寺	救世《ぐぜ》観音宗	十一面	和歌山市紀三井寺
3 粉河寺	粉河観音宗	千手	和歌山県紀の川市粉河
4 槇尾寺（施福寺）	天台宗	千手	大阪府和泉市槇尾山町
5 葛井寺	真言宗	千手	大阪府藤井寺市藤井寺
6 壺阪寺（南法華寺）	真言宗	千手	奈良県高市郡高取町壺阪
7 岡寺	真言宗	如意輪	奈良県高市郡明日香村岡
8 長谷寺	真言宗	十一面	奈良県桜井市初瀬
9 南円堂	法相宗	不空羂索	奈良市登大路《のぼりおおじ》町
10 三室戸《みむろと》寺	修験宗	千手	京都府宇治市菟《と》道《どう》滋賀谷
11 醍醐寺（准胝《じゅんてい》堂）	真言宗	准胝	京都市伏見区醍醐
12 岩間寺	真言宗	千手	滋賀県大津市石山内畑町
13 石山寺	真言宗	如意輪	滋賀県大津市石山寺
14 三井寺	天台宗	如意輪	滋賀県大津市園城寺《おんじょうじ》町
15 今熊野観音寺	真言宗	十一面	京都市東山区泉涌寺《せんにゅうじ》山内町
16 清水寺	北法相宗	千手	京都市東山区清水
17 六波羅蜜寺	真言宗	十一面	京都市東山区轆轤《ろくろ》町

18六角堂（頂法寺）	単立	如意輪	京都市中京区堂之前町
19革堂（行願寺）	天台宗	千手	京都市中京区行願寺門前町
20善峰寺	天台宗	千手	京都市西京区大原野小塩町
21穴太寺	天台宗	聖	京都市亀岡市曽我部町
22総持寺	真言宗	千手	大阪府茨木市総持寺
23勝尾寺	真言宗	千手	大阪府箕面《みのお》市粟生《あお》
24中山寺	真言宗	十一面	兵庫県宝塚市中山寺
25播州清水寺	天台宗	千手	兵庫県加東市平木
26法華寺（一乗寺）	天台宗	聖	兵庫県加西市坂本町
27円教寺	天台宗	如意輪	兵庫県姫路市書写
28成相寺	真言宗	聖	京都府宮津市成相寺
29松尾寺	真言宗	馬頭	京都府舞鶴市松尾
30宝厳寺	真言宗	千手	滋賀県長浜市早崎町
31長命寺	単立	十一面	滋賀県近江八幡市長命寺町
32観音正寺	天台宗	千手	滋賀県近江八幡市安土町
33華厳寺	天台宗	十一面	岐阜県揖斐《いび》郡揖斐川町谷汲

坂東と秩父の三十三か所霊場

関東一円に広がる坂東三十三か所巡礼が、いつの頃から整い始めたか、決定的な見解を提出することは容易ではない。ただ、現状では、旧陸奥一宮の都々古別《つつこわけ》神社蔵の天福年間（一二三三—三四）制作の十一面観音像の台座に、沙門成弁が、三十三か所の霊場を修行中に、八溝山観音堂（日輪寺）へ参詣した旨が記されており、この「三十三か所」が坂東の札所を指しているので、天福年間の頃には、坂東の札所が成立していたのではないかという新城常三《しんじょうつねぞう》氏の説が用いられることが多い。

しかし、少し時代が下って十四世紀から十五世紀になると、坂東巡礼も完全に定着していたらしく、参詣人が巡礼のことを記した納め札が、足利の鑁阿《ばんな》寺などに相当数残されている。納め札というものは、現在でこそ印刷した用紙に姓名・年齢・住所を書き込み、各寺備え付けの納め札入れに納めるにすぎないが、かつては立派な板に詠歌や祈願文や姓名を書いて打ちつけていたものである。伝説では、納め札の起源も、永延二年（九八八）、花山法皇が西国霊場の粉河寺に巡礼された時に、歌一首を詠んで札に記したのが始まりという。霊場のことを「札所」といい、巡拝することを「打つ」というのもすべて納め札と関係しているのである。

　また、速水侑氏によると、坂東霊場成立の一要因として、源頼朝をはじめとする源氏将軍一族の熱心な観音信仰があったというが、いずれにしても十三世紀の中頃には、坂東霊場の原型がほぼ整い、十四世紀になると一般庶民の間にも深く浸透していったと考えられる。

　なお、坂東の札所は、次に掲げるように、鎌倉を出発点にして、相模・武蔵・上野・下野・常陸・上総・下総・安房をめぐる順序であるが、江戸（東京）を中心とする場合は、必ずしも札所順番どおりには参拝せずに、道順の関係で便宜的な行程が組まれ、三十三か所一巡には三十日から四十日を要したようである。

寺名	宗派	本尊（観音）	所在
1杉本寺	天台宗	十一面	神奈川県鎌倉市二階堂
2岩殿寺	曹洞宗	十一面	神奈川県逗子市久木
3安養院	浄土宗	千手	神奈川県鎌倉市大町
4長谷寺	単立	十一面	神奈川県鎌倉市長谷
5勝福寺	真言宗	十一面	神奈川県小田原市飯泉《いいずみ》
6長谷寺	真言宗	十一面	神奈川県厚木市飯山《いいやま》

7 光明寺	天台宗	聖	神奈川県平塚市南金目《かなめ》
8 星谷《しょうこく》寺	真言宗	聖	神奈川県座間市入谷
9 慈光寺	天台宗	千手	埼玉県比企《ひき》郡ときがわ町
10 正法寺	真言宗	千手	埼玉県東松山市岩殿
11 安楽寺	真言宗	聖	埼玉県比企郡吉見町
12 慈恩寺	天台宗	千手	埼玉県さいたま市岩槻区慈恩寺
13 浅草寺	聖観音宗	聖	東京都台東区浅草
14 弘明《ぐみょう》寺	真言宗	十一面	神奈川県横浜市南区弘明寺町
15 長谷寺	天台宗	十一面	群馬県高崎市白岩町
16 水沢寺	天台宗	千手	群馬県渋川市伊香保町
17 満願寺	真言宗	千手	栃木県栃木市出流《いずる》町
18 中禅寺	天台宗	千手	栃木県日光市中宮祠《ちゅうぐうし》
19 大谷《おおや》寺	天台宗	千手	栃木県宇都宮市大谷町
20 西明寺	真言宗	十一面	栃木県芳賀《はが》郡益子《ましこ》町
21 日輪寺	天台宗	十一面	茨城県久慈郡大子町
22 佐竹寺	真言宗	十一面	茨城県常陸太田市天神林町

23正福寺	単立	千手	茨城県笠間市笠間
24楽法寺	真言宗	延命	茨城県桜川市本木
25中禅寺（大御堂）	真言宗	千手	茨城県つくば市筑波
26清瀧寺	真言宗	聖	茨城県土浦市小野
27円福寺	真言宗	十一面	千葉県銚子市馬場町
28龍正院	天台宗	十一面	千葉県成田市滑川《なめがわ》
29千葉寺	真言宗	十一面	千葉県千葉市千葉寺町
30高蔵寺	真言宗	聖	千葉県木更津市矢那《やな》
31笠森寺	天台宗	十一面	千葉県長生郡長南町
32清水寺	天台宗	十一面	千葉県いすみ市岬町
33那古寺	真言宗	千手	千葉県館山市那古

坂東と並ぶ関東のもう一つの観音霊場は、秩父三十四か所である。その成立は定かではないが、第三十二番の般若山法性寺（埼玉県秩父郡小鹿野町）に、室町時代の長享二年（一四八八）銘の秩父札所番付けがあるというので、秩父巡礼は、坂東にやや遅れた十五世紀末には成立していたと思われる。

最初は、西国などと同様に、観音菩薩のキーナンバーである三十三か所であったが、いつしか「西国・坂東・秩父百所巡礼」というように、三つの霊場を合計して百か所の札所信仰が自然的に生じてきたようで、現在では次の三十四か寺があげられている。

寺名	宗派	本尊（観音）	所在
1 四萬部寺《しまぶ》	曹洞宗	聖	埼玉県秩父市栃谷《とちや》
2 真福寺	曹洞宗	聖	埼玉県秩父市山田
3 常泉寺	曹洞宗	聖	埼玉県秩父市山田
4 金昌寺	曹洞宗	十一面	埼玉県秩父市山田
5 長興寺（語歌堂）	臨済宗	准胝	埼玉県秩父郡横瀬町
6 卜雲寺《ぼくうん》	曹洞宗	聖	埼玉県秩父郡横瀬町
7 法長寺	曹洞宗	十一面	埼玉県秩父郡横瀬町
8 西善寺	臨済宗	十一面	埼玉県秩父郡横瀬町
9 明智寺	臨済宗	如意輪	埼玉県秩父郡横瀬町
10 大慈寺	曹洞宗	聖	埼玉県秩父郡横瀬町

11常楽寺	曹洞宗	十一面	埼玉県秩父市熊木町
12野坂寺	臨済宗	聖	埼玉県秩父市野坂町
13慈眼寺	曹洞宗	聖	埼玉県秩父市東町
14金剛寺（今宮坊）	臨済宗	聖	埼玉県秩父市中町
15少林寺	臨済宗	十一面	埼玉県秩父市番場町
16西光寺	真言宗	千手	埼玉県秩父市中村町
17定林寺	曹洞宗	十一面	埼玉県秩父市桜木町
18神門《ごうど》寺	曹洞宗	聖	埼玉県秩父市下宮地町
19龍石寺	曹洞宗	千手	埼玉県秩父市大畑町
20岩之上堂	臨済宗	聖	埼玉県秩父市寺尾
21観音寺	真言宗	聖	埼玉県秩父市寺尾
22永福寺（童子堂）	真言宗	聖	埼玉県秩父市寺尾
23音楽寺	臨済宗	聖	埼玉県秩父市寺尾
24法泉寺	臨済宗	聖	埼玉県秩父市別所
25久昌寺	曹洞宗	聖	埼玉県秩父市久那《くな》
26円融寺	臨済宗	聖	埼玉県秩父市下影森

27大淵寺　曹洞宗　聖　埼玉県秩父市上影森
28橋立堂　曹洞宗　馬頭　埼玉県秩父市上影森
29長泉院　曹洞宗　聖　埼玉県秩父市荒川
30法雲寺　臨済宗　如意輪　埼玉県秩父市荒川
31観音院　曹洞宗　聖　埼玉県秩父郡小鹿野町
32法性寺　曹洞宗　聖　埼玉県秩父郡小鹿野町
33菊水寺　曹洞宗　聖　埼玉県秩父市下吉田
34水潜寺　曹洞宗　千手　埼玉県秩父郡皆野町

秩父霊場は、西国・坂東に比して禅門系統の寺が多いのが特色である。ともあれ、百か所巡礼の普及とともに、秩父霊場も十六世紀には十分に出来上がっていたものと推測される。

以上のように、西国霊場・坂東霊場・秩父霊場の順で、主要な三か所の観音霊場が形成され、その信仰は全国的に喧伝された。それにつれて、観音霊場信仰は地方にも拡大され、大衆化するようになったのである。ことに、江戸時代には、単なる信仰に加えて町民や農民のレクリエーション的色彩もかねて、江戸三十三か所、京都の洛陽三十三か所、会津三十三か所、最上《もがみ》三十三か所（一説室町時代の成立）、信濃三十三か所、遠江《とおとうみ》三十三か所、岩城《いわき》三十三か所、神戸福原三十三か所、出雲三十三か所など、北は奥州から南は九州まで、その数は多数を数えるに至ったのである。

新西国などの新しい観音霊場

中世に自然発生的に形成された西国・坂東などの観音霊場とは別に、近年になって古寺巡礼の伸長にともなって新たに企画・設定された巡拝霊場も少なくない。その中では比較的古く、しかも観音霊場としては名刹をかなり多く包括している新西国三十三か所霊場を取り上げておきたい。

昭和七年、大阪時事新報・神戸新聞・京都日日新聞を母体として出来た三都合同新聞社が、近畿二府四県の主として観音を祀る寺院の中から、西国三十三か所の寺々を除いて選定したものである。その際、各霊場の詠歌を一般公募して、一位入選のものを今も使用している。

その後、大戦の影響もあって一時すたれたが、世相が落ちついた昭和四十三年、関係者が相集まり、辞退した二か寺を補充した上、客番として新たに五か寺を加え、計三十八寺として再出発している。

いま、番内の三十三か寺を掲げておきたい。

寺名	宗派	本尊（原則として観音）	所在
1 四天王寺	和宗	救世	大阪市天王寺区四天王寺
2 太融寺《たいゆう》	真言宗	千手	大阪市北区太融寺町
3 鶴満寺《かくまん》	天台真盛宗《しんせい》	子安聖	大阪市北区長柄《ながら》東
4 水間寺《みずま》	天台宗	聖	大阪府貝塚市水間
5 道成《どうじょう》寺	天台宗	千手	和歌山県日高郡日高川町
6 宝亀院	真言宗	十一面	和歌山県伊都《いと》郡高野町
7 金剛寺	真言宗	大日	大阪府河内長野市天野町
8 西方院	浄土宗	十一面・阿弥陀	大阪府南河内郡太子町
9 飛鳥寺《たちばな》	真言宗	飛鳥大仏	奈良県高市郡明日香村
10 橘寺《たちばな》	天台宗	如意輪・聖徳太子	奈良県高市郡明日香村
11 當麻寺《たいま》	真言・浄土宗	大蓮糸曼荼羅	奈良県葛城市當麻
12 萩の寺	曹洞宗	十一面・薬師	大阪府豊中市南桜塚
13 満願寺	真言宗	千手	兵庫県川西市満願寺町

14神峯山《かぶさん》寺	天台宗	聖	大阪府高槻市原
15誓願寺	浄土宗	聖・阿弥陀	京都市中京区桜之町
16大報恩寺	真言宗	六観音・釈迦	京都市上京区溝前町
17楊谷《ようこく》寺	浄土宗	十一面・千手	京都府長岡京市浄土谷
18延暦寺横川《よかわ》中堂	天台宗	聖	滋賀県大津市坂本本町
19鞍馬寺	鞍馬弘教《こうきょう》	千手・毘沙門	京都市左京区鞍馬本町
20立木山寺	浄土宗	立木聖	滋賀県大津市石山南郷町
21神呪《かんのう》寺	真言宗	如意輪	兵庫県西宮市甲山町
22忉利天上《とうりてんじょう》寺	真言宗	十一面・摩耶夫人《まやぶにん》	神戸市灘区摩耶山町
23能福寺	天台宗	十一面	神戸市兵庫区北逆瀬川町
24須磨寺	真言宗	聖	神戸市須磨区須磨寺町
25太山《たいさん》寺	天台宗	十一面・薬師	神戸市西区伊川谷町
26伽耶《がや》院	本山修験宗	毘沙門	兵庫県三木市志染《しじみ》町
27鶴林寺	天台宗	聖・薬師	兵庫県加古川市加古川町
28光明寺	真言宗	十一面・千手	兵庫県加東市光明寺
29酒見《さがみ》寺	真言宗	十一面	兵庫県加西市北条町

30金剛城寺　真言宗　十一面　兵庫県神崎郡福崎町
31花岳寺　曹洞宗　千手・釈迦　兵庫県赤穂《あこう》市加里屋《かりや》
32斑鳩《いかるが》寺　天台宗　如意輪・釈迦・薬師　兵庫県揖保《いぼ》郡太子町
33瑠璃寺　真言宗　千手　兵庫県佐用郡佐用町

このほか、新しく組織されたり、復興した観音霊場には、津軽三十三か所、安房三十四か所、武蔵野三十三か所、九州西国三十三か所などがあり、いずれも古刹と明媚な風光によって人々を魅惑している。

現代の観音信仰

時代・地域を問わず、仏教を代表すると言っても誇張ではないほど、人々にとけ込み、親しまれてきた観音菩薩は、表面的な仏教信仰が多少稀薄になってきた現代とはいえ、心の深いところで人々の篤い信仰を集めている。その中でも現代に特徴的な点を二つあげると、水子観音と巨大観音をあげることができる。

水子観音は、同じ発想に基づく水子地蔵とともに、不安な現代の世相を最も如実に映し出している。物質的にはある程度満足できる時代となって、多くの家では車、ビデオなどが備えられている。余暇も昔に比べてたっぷりとれるようになった。しかし、経済的事情もさることながら、むしろ人間関係のしがらみ、あるいは快楽追求至上主義などの結果、陽の目を見ることなく、生命を失ってゆく水子の例は跡をたたない。

従来、水子に限らず、子供の葬送は別の簡略した形で行われたので、その供養は必ずしも表立ってはなされず、そっと施餓鬼《せがき》などで供養する若い母親が少なくなかった。ところが、近年では慈悲深く、しかも子供と関係のある尊格として観音と地蔵の二菩薩が水子供養のほとけとして人気を集め、一種のブームのような状態となっている。亡きもの、しかも自らの責任ではない死をとげた子供たちを供養し、自己の罪を懺悔することは宗教的にまことに大切なことであるが、自己の責任を一切棚上げして、すべてを水子のたたりに転嫁するような風潮が起こりつつあるのは、不安な世情の表れとして注意が必要かも知れない。

巨大な慈母観音像（久留米明王寺）

第二の仏像巨大化の傾向は、必ずしも観音像に限るものではない。時代的に遡《さかのぼ》ってみても、北西インド（現在はアフガニスタン）・バーミアンの大仏、日本の奈良・鎌倉の大仏など古来巨大像の例は枚挙にいとまがない。ただ、近年、造立の観音像には、高崎の白衣観音像、京都の霊山《りょうぜん》観音像、神奈川の大船観音像、九州の久留米明王寺の慈母観音像などコンクリート等の巨大像が少なくない。尊像を大きく表現するのは、大きいほどそれだけ功徳が大きいという素朴な考えに加えて、宗教心理学的にいえば、大きさによって人々を威圧し、心理効果を狙うということも無視できないであろう。ビルの超高層化とは多少違うかも知れないが、新興宗教を中心にこの傾向はまだ続きそうである。

地蔵菩薩の伝播とすがた

地蔵菩薩とは

本書に収められた観音菩薩、地蔵菩薩、そして不動明王の三尊は、いずれ劣らぬ庶民の信仰をかち得たほとけたちであり、どの寺に参詣しても、三尊のうちほとんどすべてを見出すことができる。ところが、その中にあっても、地蔵菩薩が最もヴァラエティに富んだ性格を有しているとともに、祀られている場所も、単に寺院の堂内や境内に限定されず、路傍の草むらまでにも及んでいる。

また観音菩薩と不動明王は、御詠歌などには好んで題材とされているが、宗教色を離れた一般の歌謡にまで用いられることは少ない。ところが、地蔵菩薩、というよりも「地蔵さん」という表現がピンとくるのであるが、それは童謡や歌謡曲にまでもくったくなく登場してくるのである。「見てござる」、「おさげと花と地蔵さんと」などの歌は、最近の若い人には知られていないが、何か郷愁を感じさせる曲である。

ところで、このように幅広い人気を博している地蔵菩薩であるが、その働きと意味を一言で代表するとなると、たいていの書物は「釈尊入滅後、次代の仏たる弥勒《みろく》仏が五十六億七千万年の後に出世するまでの無仏の間、この五濁《ごじょく》の世に出現して六道の衆生を救済する菩薩」と定義することが多い。

これは、地蔵菩薩の根本経典といわれる地蔵三経のうちの『地蔵菩薩本願経』の「分身集会品《ふんじんしゅうえぼん》」に、

われ、忉利天宮《とうりてんぐう》（弥勒菩薩の住居）にありて、（中略）、娑婆《しゃば》世界（この世）をして、弥勒出世に至るこのかたの衆生を、ことごとく解脱《げだつ》せしめて、永く諸々の苦を離れ、仏の授記《じゅき》（成仏するという予言）に遇《あ》わしめよ。

とあることなどを意識したものである。

すなわち、地蔵菩薩は、来世で浄土を約束する阿弥陀如来や、将来ずっと先にわれわれを導いてくれる弥勒菩薩とは異なって、今この世界（娑婆世界）でもだえ苦しんでいる非力なわれわれを助けてくださるほとけである。

この地蔵菩薩は、衆生済度《さいど》のためにいくつかの功徳利益の誓い（本願《ほんがん》）を立てているが、その中でも代表的な例として、『地蔵菩薩本願経』の「地神護法品」の十種利益を取り上げ、現代風の言葉になおして列挙しておきたい。

⑴土地が豊穣で作物に恵まれる。
⑵家内が安全である。
⑶もし亡くなっても天国に生まれる。
⑷現世ではできるだけ長生きできる。
⑸願望がよくかなう。
⑹水火の災難がない。
⑺過ちやさわりを除く。
⑻悪い夢を見ることがない。
⑼旅行しても無事である。
⑽ほとけにめぐり会うことができる。

以上のごとく、地蔵菩薩も、観音菩薩と同様に、現在においてわれわれを守り、そして利益をかなえてくれるほとけであるが、同じ『地蔵菩薩本願経』に、地蔵菩薩が地獄に姿を現したり、数々の地獄の名称や罪報を説いているなどのことにより、地蔵菩薩は次第に地獄救済の専門家と考えられるようになるのである。

もっとも、当初からあった現世利益のほとけたる性格も決して消滅してしまったわけではなく、わが国では室町時代から江戸時代にかけて、実に様々な庶民の欲求を満足させ、解決してくださる地蔵菩薩が登場してくることになるのである。

地蔵菩薩の起源

われわれになじみの深い仏教のほとけたちも、その成立の起源まで遡《さかのぼ》ってみると、深い霧の中にとどまっているものが少なくない。阿弥陀如来しかり、大日如来しかり、また本書で取り上げている観音菩薩、不動明王もそうである。

その中にあって、地蔵菩薩も決して例外ではない。いなむしろ、後期仏教の文献資料を除き、早い時期の地蔵菩薩に関するインドでの原典資料がほとんど認められないだけに、問題をより複雑にしている。

もっとも、従来の研究では、地蔵菩薩の起源をインドの地天にまで求める点では一致している。地天という漢名は、後述する十方天《じゅっぽうてん》の段階で確立した名称であり、初期のものは地神という方が適切かも知れない。

地蔵菩薩が、地神と同様、あらゆるものを支え、覆蔵する大地を基礎概念としたことは、その基本となる『大乗大集地蔵十輪経』に、「よく善根を生じることは大地の徳のごとし」、「この大菩薩、諸々の微妙の功徳を伏蔵す」とあることからも疑う余地はない。

十方天のうち地天（『別尊雑記』）

ところで、この地神（プリティヴィー＝Pṛthivī）は、天界神・空中神・地上神という三つのカテゴリーに分類されるヴェーダの神々の中で、地上神の部類に属し、火神アグニ（Agni）に次ぐ地位を占めている。もっとも、インドラ（帝釈天）やアグニ（火天《かてん》）のごとく多くの讃歌が寄せられているわけではなく、天神ディヤーヴァー（Dyāvā）と双神で扱われている次の讃歌がよく知られている。

両神は歩むことなく、足なくして歩み、足あるあまたの胎児を受容せり。肉身の息子を両親の膝に受くるごとくに、天地両神よ、われらを怪異より守れ。

この地神は、堅牢地神《けんろうじしん》という名で仏教に受容されたが、密教では方位を示す帝釈天以下の八方天《はっぽうてん》に加えて、梵天とペアになって天地（上下）を支配する地天に展開していった。日本の密教では、地天を含む十方天にさらに日天《にってん》・月天《がってん》を加え、十二天《じゅうにてん》という護法尊のグループを形成している。それ以前の大乗仏教において、地神は、人々の利益、中でも大地と関連を持つ財宝のほとけ、および地獄救済のほとけ地蔵菩薩として成立していった可能性が強い。

地蔵菩薩の原語

地蔵菩薩がインドの成立に間違いないとすれば、インドの言語で表現された原語があるはずである。通常の仏教辞典の類《たぐい》をひもとくと、必ず「クシティガルバ（Ksitigarbha）」と還梵（漢語をサンスクリット語に訳し返す）している。

もっとも、文献資料を見ると、インドの資料がほとんど遺存していないだけに、日本撰述とまでいわれている『地蔵発心因縁十王経』に見られる、「乞叉底薩子波」

などという音写字を利用せざるをえなかった。

けれども、近年の急速なインド文献学の進展によって、七世紀の仏教学者シャーンティデーヴァ（寂天＝Śāntideva）の『大乗集菩薩学論』（Śikṣā-samuccaya）に、「Kṣitigarbha-sūtra」という言葉があることが判明した。詳細な研究は今後を待たざるを得ないが、この経典が玄奘訳の『大乗大集地蔵十輪経』に符合することにより、どうやら「地蔵」の原語は、従来の定説どおりの「Kṣ-itigarbha」であることが証明されたといってよい。

このクシティ（kṣiti）という語は、「住す」という意味の動詞√kṣiから派生した言葉で、「住処」、「大地」という意味の名詞である。一方のガルバ（garbha）は、子宮・母胎の義で、例の胎蔵の原語である。したがって、両方で「地の蔵」の意味をなすのである。最も古い地蔵経典である北涼《ほくりょう》時代の失訳（訳者名欠失）経典の『大方広十輪経』で、地蔵菩薩の「伏蔵《ふくぞう》」の功徳を述べているのも、この傾向に沿ったものといえるだろう。

地蔵三経

地蔵菩薩を中心に説いた経典は、梵文やチベット文ではほとんど見られないのに対し、漢訳経典では十指に近い数の地蔵経典が遺存している。その中には、インド以外で新たに創作されたいわゆる疑経《ぎきょう》にあたるものも数多く含まれているが、漢訳経典がそれだけ普及していたことは、中国・日本などの漢字文化圏で地蔵菩薩が人気を博していた証拠と考えてよかろう。

そこで、数ある地蔵経典の中から、いつの頃からか三経と呼ばれたものをまず列挙すると、次のようである。

(1)唐・玄奘《げんじょう》訳『大乗大集地蔵十輪経《だいじょうだいじつじぞうじゅうりんきょう》』十巻
(2)唐・実叉難陀《じっしゃなんだ》訳『地蔵菩薩本願経《じぞうぼさつほんがんきょう》』二巻
(3)隋・菩提燈《ぼだいとう》訳『占察善悪業報経《せんざつぜんあくごうほうきょう》』二巻

このうち、最初の『大乗大集地蔵十輪経』は、北涼時代の仏典目録である『北涼録』に失訳とある『大方広十輪経』の異訳であり、内容に大きな差異はない。訳者は著名な三蔵法師玄奘である。先行する『大方広十輪経』が、北涼時代（三九七—四三九）にすでに中国に伝わっていたことから判断すると、地蔵菩薩の信仰は五世紀の初めには中国に知られていたと考えてよかろう。

なお、この両経で初めて、地蔵と関連して「十輪」という言葉が登場する。この語の意味には不明瞭なところもあるが、仏・如来の持つ十種の法力を示すものと伝えられている。

次に、于闐《うてん》国（コータン）僧の実叉難陀《じつしゃなんだ》（六五二―七一〇）訳とされる『地蔵菩薩本願経』は、経録《きょうろく》に正確な記述のないことから、実叉難陀訳は疑わしいとしても、その成立は、内容から判断して唐代まで遡ると推定して大過ないと思う。

内容は、「閻浮衆生業感品《えんぶしゅじょうごうかんぼん》」、「地獄名号品《みょうごうぼん》」などの十三品（章）から成るが、経題にある地蔵菩薩の本願や六道を能化《のうけ》（救うこと）する地蔵のことを説くなど、地蔵菩薩の中心的要目の大部分はこの経典に説かれている。

これに対し、最後の天竺三蔵菩提燈訳とされる『占察善悪業報経』二巻は、地蔵菩薩の口を借りて、善悪宿世の業、現在の苦楽吉凶のことを占察する方法を説いたものである。しかし、訳者菩提燈なる人物がまったく不明であること、さらには内容が仏教の因果応報のみならず、多くの俗信を大胆に取り入れていることなどから、松本文三郎《まつもとぶんざぶろう》博士によって中国撰述の地蔵経典の烙印が押されている。それは確かに事実かも知れないが、それでもなお人々の熱烈な信仰を獲得し続けてきたことは決して無視すべきではなかろう。ともあれ、以上の地蔵三経は、いずれも伝統的仏教である顕教《けんぎょう》の地蔵菩薩の基本テキストとして、中国、および日本で尊重されてきたのである。

インドの地蔵菩薩像

地蔵菩薩が、他の大多数の仏教のほとけたちと同様に、仏教の故地インドで成立したことはほぼ間違いないと思われるが、現在インド各地の仏教遺跡や博物館を訪ねてみても、われわれに親しいあの頭が丸くて、錫杖や宝珠を持った地蔵菩薩の姿はまったく見出すことができない。

また、歴史文献の少ない国インドでの研究を補助するためによく用いられる中国の入竺僧の記録、たとえば玄奘三蔵の『大唐西域記』や義浄《ぎじょう》三蔵の『南海寄帰内法伝《なんかいききないほうでん》』などには、観音菩薩や文殊菩薩に関する記述は見られるが、地蔵菩薩の言及はまったく認められない。そのため、円頂形の地蔵は、インドではなくて、中央アジアか、もしくは中国で成立したのではないかという極端な意見もあるほどである。

ところが、地蔵菩薩のもう一方のタイプである菩薩形の地蔵は、西インドのエローラ石窟の後期窟（第十一・十二窟）、あるいは東インド・オリッサ州の仏教遺跡などにかなりの作例を見出すことができる。

ラリタギリ遺跡の地蔵菩薩石像

もっとも、それらはすべて観音・金剛手・文殊・普賢・弥勒・虚空蔵・地蔵・除《じょ》蓋障《がいしょう》という八尊の菩薩たち、つまり八大菩薩のグループとして存在しているものである。

八種の菩薩を一組のセットとして特定の如来の周囲に配することは、ほかに薬師如来とその八大菩薩などいくつかのパターンがあるが、その中で問題の地蔵菩薩が登場するのは、上記のグループである。そして、この八種の菩薩像は、インドをはじめ、チベット、東南アジア、中国、さらには日本までその造型例を見ることができる。

そのグループに属する地蔵菩薩は、左右いずれかの手に、『大日経』系の経軌《きょうき》に説かれるように、宝珠を持っている。はっきりと宝珠を持つ地蔵菩薩の石像は、インドにおいても必ずしも多くは遺存していないが、上の写真は東インドのオリッサ州ラリタギリ遺跡の現地収蔵庫に安置されている密教系の地蔵菩薩である。

なお、密教系の地蔵菩薩に関しては、後にもう少し詳しく触れたい。

中国で創作された地蔵経典

先に説明した地蔵三経は、わが国において中世以降、一つのセットとして人口に膾炙《かいしゃ》したが、すでに断ったように、それら「三経」さえ、直接のインド原典にあたるものは、『地蔵十輪経』しか見当たらない。というよりも、わが国の人々が熱烈に信仰している地蔵菩薩のイメージは、むしろ中国や日本において育まれてきたと仮定した方がよいかも知れない。

地蔵三経のうちでも、とくに第三の『占察善悪業報経』は、中国撰述（経典の形をとって中国人が創作すること）の可能性が非常に高いわけであるが、その後も中国の人々によって新たに創作された地蔵経典の数は少なくない。それらは、大別して救済のほとけとしての地蔵を説く顕教経典と、一応唐代の密教の盛行を知悉《ちしつ》した上で密教的地蔵を説く密教経典とに分類できる。

まず、顕教系地蔵経典には、

(1)『仏説預修十王生七経《ぶっせつよしゅじゅうおうしょうしちきょう》』

(2)『坔圄《じぞう》大道心駈策法』

がある。
(1)は、『仏説閻羅王授記四衆逆修生七往生浄土経』という大変長い名称を持っているが、『預修十王生七経』、もしくは『地蔵十王経』と略称されることが多い。同経は、後述する『発心因縁十王経』とともに、中国の成都《せいと》府大聖慈寺沙門蔵川《ぞうせん》の述ということになっており、没後、冥府における苦悩離脱のために、生前の斎供《さいく》礼拝《らいはい》などを預修《よしゅ》（あらかじめ行って功徳を積むこと）すべきことを勧めたものであるが、次項で述べる地獄の裁判官たる十王信仰を十分に踏まえた上での成立である。
とくに、仏教の四十九日中陰《ちゅういん》信仰（亡くなってから七週間、魂が中有《ちゅうう》の世界をさまようこと）と中国固有の百か日忌、一年忌、三年忌の習慣を併せて、

第一七日	秦広王
第二七日	初江王
第三七日	宋帝王
第四七日	五官王
第五七日	閻魔王

第六七日　変成王
第七七日　太山王
第八・百日　平等王
第九・一年　都市王
第十・三年　五道転輪王

というように、各忌斎日《きさいび》に十王を配したのは本経の特色である。つまり、初七日に罪が決まらなければ、二七日に審判を受け、さらに決まらなければ三七日へと順次くり下がっていくのである。

この経典は、南宋の嘉熙《かき》元年（一二三七）に、宗鑑《そうかん》が編纂した『釈門正統』第四「利生志」に、「また十王経なる者あり。すなわち成都府大聖慈寺沙門蔵川所撰なり」とあることを考慮すると、十三世紀の頃には民間に流布していたことがわかる。

これを証明するように、いわゆる敦煌写経の中には、計二点の『預修十王生七経』を見出すことができる。

これに対し、日本についていえば、同経の古写本はほとんど見あたらず、『十王経』といえば、おそらくこの経などを参考にして日本で撰述されたと推測される

『発心因縁十王経』が庶民に信仰されていたようである。

(2)の『峚圕大道心駈策法』一巻は、著者・訳者とも不明である。『大正大蔵経』にはなく、『大日本続蔵経』の第一輯《しゅう》第三套《とう》に収録されている。禿氏祐祥《とくしゅうしょう》氏によれば、「峚圕」は、女帝として有名な則天武后の時代の新造字則天文字の「地蔵」にあたるという。内容は、インドの喬提《きょうだい》長者の家人たちが悪鬼に悩まされていたのを、地蔵菩薩が救済したというものである。明らかに道教的な悪鬼払いを意識した内容であるが、こうしたことさえ地蔵菩薩に結びつけられたところに、当時の地蔵信仰の根強い一面をうかがうことができる。

なお、この経典のテーマである「地蔵尊が喬提長者の悪鬼の難を救う話」は、わが国でも地蔵菩薩の感応説話に取り入れられ、『三国因縁地蔵菩薩霊験記』など一連の地蔵霊験記にも引用されている。

続いて、中国で撰述されたと推測される密教系の地蔵経典を取り上げよう。それは伝善無畏《ぜんむい》訳の『地蔵菩薩儀軌』一巻である。

この『地蔵菩薩儀軌』は、七百十数字にすぎない小経で、俗に『地蔵儀軌』とも略称される。『大正大蔵経』の第二十巻（密教部三）に収録されており、そこでは中インドの輸婆迦羅《しゅばから》（Subhakara）、すなわち善無畏三蔵の奉詔《ほうしょう》訳とされている。

けれども、善無畏に関するいかなる史料も同経訳出のことを説かない。唐・宋代の仏教関係の記録にもまったく言及がない。加えて、日本への将来者も不明である。それゆえ、鎌倉時代の代表的図像集である『覚禅鈔《かくぜんしょう》』では、「地蔵」の項目の個所に同経をあげるものの、撰者覚禅の言葉として、「真偽、尋ぬべきなり」とコメントして、疑問を提出している。

その内容を見ると、地蔵菩薩の三種の真言、画像法、印相などを説いているが、善無畏訳とあるにもかかわらず、彼の訳した『大日経』の地蔵菩薩のそれとは符合しない。末尾部分に十七種の護摩を説いていることなどを判断すると、一応密教経典ではあるものの、必ずしも体系立ったものではなく、開元《かいげん》・天宝《てんぽう》時代（七一三―七五六）における中国密教の隆盛に刺激を受けて、晩唐期に新たに創作されたものではないかと推測される。

また、密教系の著作でありながら、『大日経』系の菩薩形の姿ではなく、本文に、「声聞形《しょうもんぎょう》像を作《な》し、袈裟《けさ》を著《つ》け、端、左肩を覆う」とあるように、大衣《たいえ》をまとった出家比丘《びく》形に表現している点に、中国仏教で地蔵菩薩がどのような形で理解されていたかをうかがうことができる。

地蔵菩薩と十王の合体

中国における地蔵菩薩の展開を考える場合に、どうしても忘れることができないのが、唐代後期に確立したと思われる地蔵菩薩と十王信仰との合体である。これ以後、地蔵菩薩は閻魔《えんま》（もしくは閻羅《えんら》）王を代表とする十王とセットになって地獄救済のほとけとして現在の地位を獲得するに至ったのである。

地蔵菩薩は、元来、大地を司る一種の財宝神から出発したが、大乗菩薩の通例として七種、十種、あるいは二十八種の利益を施すものであった。ところが、中国撰述の疑いも残る『地蔵菩薩本願経』になると、「閻羅王衆讃歎品」巻八などにおいて、地蔵菩薩が人々の悪業を取り除き、地獄から救出することを、仏が閻羅王などの地獄の鬼王《きおう》に説いて聴かす話が登場している。すなわち、地獄のほとけ地蔵菩薩が出来上がるとともに、インド以来の死の神、冥界の神であった閻羅（閻魔、原名はヤマ＝Yama）が同じ経典の中で顔を合わすことになるのである。

これを受けて閻羅王をはじめとする十王の思想が、同じく地獄のほとけ地蔵菩薩と結びつくのは必然の勢いであった。秦広王、初江王、宋帝王、五官王、閻魔王、変成王、太山王、平等王、都市王、五道転輪王という十人の王官が死者を裁くということは、中国固有の民間信仰である道教の影響を受けて成立したといわれている

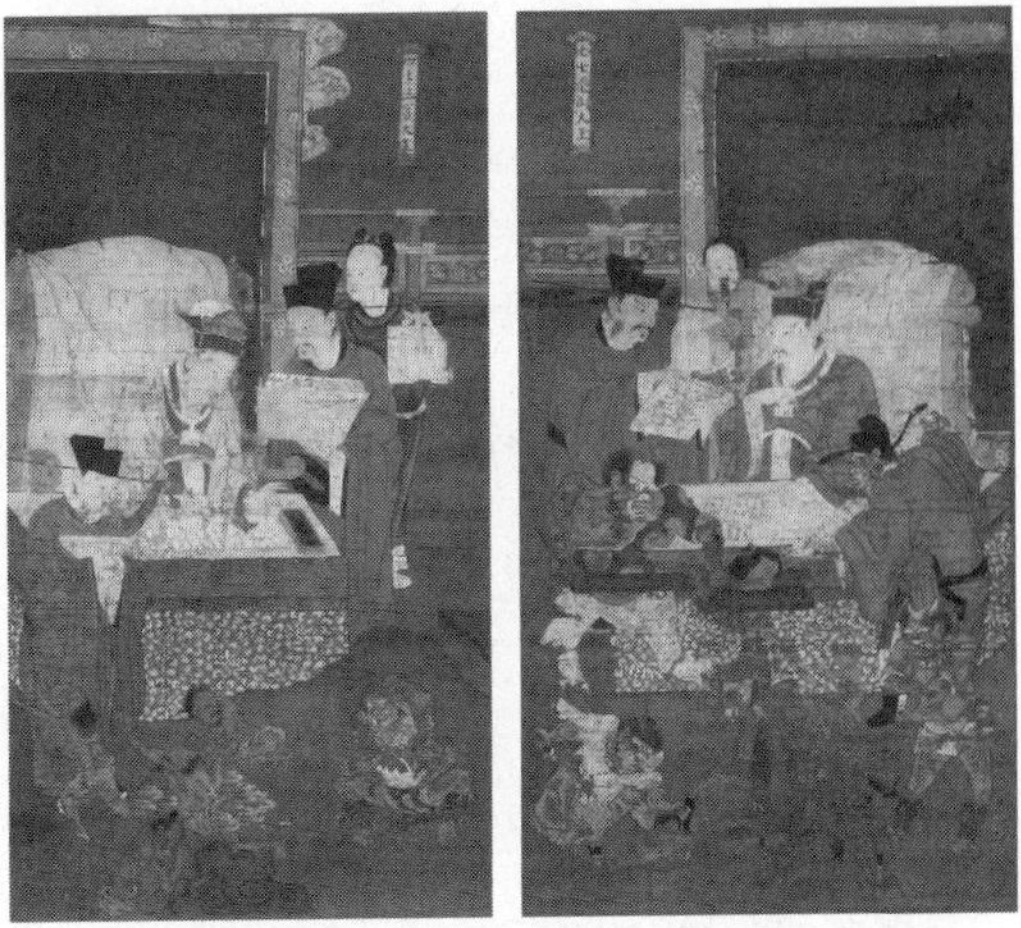

十王図より五官王（左）と太山王（右）（奈良国立博物館）

が、中国で成立した地蔵経典である『預修十王生七経』では、地蔵菩薩と閻魔大王と同体と考え、しかも初七日忌から始まる中陰《ちゅういん》、および百か日、一周忌、三年忌に結びつけて、各忌中の日に審判を受ける十王と結びつけたのである（一三八・一三九ページを参照）。これら十の忌日に十王をそれぞれ供養することを十王斎《じゅうおうさい》と呼んでいる。

そして、この信仰が確立した唐末から五代、宋初になると、地蔵菩薩は単独で信仰されるよりも十王のグループと一緒になって人々に広く支えられてゆくのである。

それを端的に示しているのが、西

域の入口敦煌から多数発見されているいわゆる被帽《ひぼう》地蔵十王図である。別の個所で詳しく触れるように、敦煌と朝鮮半島でとくに好まれた地蔵菩薩の図像は、一般に知られている剃髪《ていはつ》円頂の沙門形の頭の上に、頭巾《ずきん》のようなものを載せている。敦煌には単独の被帽地蔵図がないわけではないが、多くは官人の姿をした十王を従えている。それらの様式や年紀銘は大部分が五代、宋代に下るものであり、以後の中国での地蔵信仰は、地蔵十王思想が根幹になったことは疑いのないところである。

中国における地蔵信仰

中国における地蔵信仰がいつの頃まで遡及《そきゅう》できるか明確ではない。中国仏教初の仏教歴史家である道宣《どうせん》（五九六―六六七）の『釈迦方志《ほうし》』巻下では、「晋・宋・梁・陳《ちん》・秦・趙《ちょう》より国十六に分かれ、時四百年を経た。観音・地蔵・弥勒・弥陀を称《しょう》名《みょう》念誦し、救いを獲得した者、詳しく諸記録に記している者を上回っている」（抄訳）と説いており、これをそのまま容認すると、五胡十六国・六朝《りくちょう》の時代には地蔵菩薩は相当な範囲に広がり、次の隋代にはかなり一般にも信仰されていたと考えられる。

ところが、美術考古資料には、唐代より以前の地蔵菩薩像と思われるものはほとんど発見されていない。たとえば、中国仏教美術の尊格変遷史を端的に表している雲崗《うんこう》、龍門《りゅうもん》、敦煌《とんこう》などの石窟寺院を見ても、魏晋南北朝時代の地蔵菩薩は報告されていない。大部分は唐代より下るもので、龍門最古の地蔵像は麟徳《りんとく》元年（六六四）の年紀を持っている。

しかるに、隋、および唐代になると、地蔵信仰は急速に高まってくる。その一因には、隋代に信行《しんぎょう》（五四〇―五九四）によって創唱された三階教《さんがいきょう》と関係があるとされる。三階教とは、仏の教えに三段階の区別を設けて、第三段階の「普仏法《ふぶっぽう》」を末法の時代にふさわしい教えとして宣揚した宗派であるが、末法を重視するという点で地蔵経典の一つである『大方広十輪経』を取り上げた。そのために必然的に地蔵菩薩を重視するようになったと推測される。

美術的にいえば、当時の画題などについて記した『歴代名画記』によると、「東都（洛陽）寺観（仏教と道教の寺院）等の壁画」の項の敬愛寺の条に、同寺内塔頭東禅院の仏殿内に『十輪経』の変相図が武静蔵《ぶせいぞう》によって描かれていたという。また同画工が山亭院に同じ内容の図を描いたと記している。当時は玄奘により新訳の『大乗大集地蔵十輪経』が漢訳された時期であり、おそらく新訳の経典によって描いたものかとみられる。もっとも、これらの記事だけでは、「十輪経変」がどのようなな内容であったかを判断することはできないが、地蔵菩薩を主題にした経典が画題に取り上げられたことは、唐末から盛んになる地蔵十王信仰のきっかけになったとされる。

日本で成立した地蔵経典

中国で花開いた地蔵菩薩の信仰であるが、それにさらに様々の多様性を積み重ねていったのは、日本の仏教徒、とりわけ一般庶民のたくましい信仰のエネルギーであった。

先述のように、中国では、地蔵菩薩は地獄の役人である十王と結びつき、独特の地蔵十王信仰を形成した。その主な経典資料が、成都府大聖慈寺沙門蔵川の述と伝えられる『仏説預修十王生七経』であった。この経典は、主に中国・朝鮮で流布し、地蔵経典の中枢を占めるに至ったが、同じ蔵川の述とされ、しかも経名も比較的類似しているものに、『仏説地蔵菩薩発心因縁十王経』がある。

同経も省略すると、『十王経』となるので、混乱を避けるために、中国撰述の『仏説閻羅王授記四衆逆修生七往生浄土経』を『預修十王生七経』といい、日本撰述の『仏説地蔵菩薩発心因縁十王経』を『発心因縁十王経』と呼んでいる。

『発心因縁十王経』は、『預修十王生七経』の十王の信仰を受けついだことは確実であり、死後においての十王の裁判経過の次第を説き、続いて地蔵菩薩の発心の因縁、十四願などを述べている。

同経の第一の特色は、『預修十王生七経』では、七七日忌等の忌日に十王を配していたのにすぎなかったのに対し、これら十王の仏教における本地（本体の存在）として不動明王以下の諸尊を配していることである。

第一	秦広王	不動明王
第二	初江王	釈迦如来
第三	宋帝王	文殊菩薩
第四	五官王	普賢菩薩
第五	閻魔王	地蔵菩薩
第六	変成王	弥勒菩薩
第七	太山王	薬師如来
第八	平等王	観音菩薩
第九	都市王	阿閦《あしゅく》如来

第十　五道転輪王　阿弥陀如来

一見して明らかなように、ここでははっきりと地蔵菩薩と閻魔大王が同体であると定義するとともに、中世以降、庶民信仰のトップを独占した不動明王から虚空蔵菩薩に及ぶ十三仏中の初めの十仏が登場している。この経が、わが国で人気を博したのは、やはり地獄救済の十王信仰と死者追善の十三仏信仰がミックスしているところにあるといえよう。

いずれにしても、同経は、地蔵三経の一つ『地蔵菩薩本願経』と、中国撰述の『預修十王生七経』などを念頭に置き、わが国での当時の信仰状況を考慮して平安時代の最末期頃に成立したと推測されるものである。

『発心因縁十王経』とともに、日本で大いなる人気を得ながら、どうやら日本撰述の疑いの濃いのが、『仏説延命地蔵菩薩経』一巻である。この経典は、よくあるように、「大唐大興善寺不空三蔵奉詔訳」という銘はあるが、密教の大学者不空三蔵の訳でないことは明白である。

経の内容は、延命を司る地蔵菩薩を説くもので、日本で中世以後、独自の図像表現を持つ延命地蔵と表裏一体となって信心されてきた。しかし、その中に、天狗・

大蔵神官・竈宅神などの日本の俗神に間違いない神々が登場することなどから、古来、同経は平安時代末期から鎌倉時代初期の間の頃に、日本で撰述された地蔵経典と目されてきた。

それにもかかわらず、現在でもなお真言宗や曹洞宗では、その宗派の聖典の一つとして重視され、『地蔵十輪経』や『地蔵菩薩本願経』などの三部経よりも広く民間において尊重されてきたことは、決して過小評価すべきではなかろう。

また、この経典には、とくに懐胎の女性の守護が説かれていたため、後に子供を抱きかかえる子安地蔵の信仰への道を開いたといってよい。

密教の地蔵菩薩

先にインドの地蔵菩薩を紹介した際に、インドではわれわれに親しい頭の丸い比丘形の地蔵菩薩が信仰された形跡はなく、遺品も皆無であるが、観音菩薩などと同じ身容の菩薩形の地蔵菩薩の石像が八大菩薩のセットとして見られることを述べたが、ひじょうに乱暴にいうと、こうした菩薩形の地蔵が、密教系の地蔵と考えてもよいと思われる。

密教系の地蔵菩薩として最初に取り上げるべきは、組織的密教経典の嚆矢《こうし》である

『大日経』（正式には『大毘盧遮那成仏神変加持経』）とそれをマンダラ化した大悲《だいひ》胎《たい》蔵生《ぞうしょう》マンダラである。

まず、『大日経』で地蔵菩薩の姿・形を説く「入曼荼羅《にゅうまんだら》具縁真言品《ぐえんしんごんぼん》」を見ると、「行者一心をもって憶持し、衆綵（多くの布）を布して、具善忍の地蔵摩訶薩を造れ。その座、極めて巧麗にして、身は焔胎（炎の中）に処せり」とある。

この表現からは、その身に荘厳の限りを尽くした尊形《そんぎょう》が想像されるが、それ以上の細部は明らかでない。

そこで、『大日経』の数少ない漢文の注釈書である一行《いちぎょう》禅師撰の『大日経疏《だいにちきょうしょ》』をあたると、上記の地蔵菩薩の図像を、次のように述べている。

> その菩薩は、華座の上に在りて、光炎その身に周遍して胎蔵にあるが如《ごと》し、（中略）。この聖者は、宝王の心地の中の性起の功徳の無辺の宝蔵を主持するが故に、その標幟《ひょうしき》（シンボル）は一切の珍奇の雑宝をもって綺《き》錯《さく》し、荘厳するなり

すなわち、密教の地蔵菩薩は、宝蔵、つまり宝の庫ともいうべき財宝性をシンボ

ライズするものであって、それゆえに一層華麗に、王子のごとくその身を飾り立てているのである。

このことは、大悲胎蔵生マンダラ、略称胎蔵マンダラを見るとより明瞭である。専門的にいえば、胎蔵マンダラも、

(1)胎蔵図像《たいぞうずぞう》
(2)胎蔵旧図様《たいぞうきゅうずよう》
(3)現図《げんず》マンダラ

の三種に大別され、その図像内容も大幅に相違している。

いま、胎蔵マンダラの十二院のうち、地蔵院に登場する地蔵菩薩の尊容を三本で比較すると、最も原初的でインドの要素を残している『胎蔵図像』では、左手に蓮花を持ち、花台上に棒状のものを立て、その小台上に小宝珠をのせている。この姿は、石田尚豊《いしだひさとよ》博士によって、『胎蔵図像』の所依経典と確定された唐の菩提流志《ぼだいるし》訳の『不空羂索神変真言経』の、「左手、蓮花台上宝印を執り、右手、掌《たなごころ》を揚《あ》ぐ」という表現とよく符合する。

次の『胎蔵旧図様』は、すでに石田博士の指摘があるように、将来者円珍《えんちん》（八一四―八九一）の書き込みが間違っており、除蓋障菩薩と記されているものが正しくは地蔵菩薩にあたる。その像容は、『胎蔵図像』と大差ないが、左手が怖れをとり除く施無畏印《せむい》ではなく、願いを叶える与願印《よがん》に変化している。

われわれが通常目にする現図マンダラは、胎蔵マンダラの基本形と考えられがちであるが、石田博士の労作で明らかにされたごとく、純粋に『大日経』・胎蔵マンダラの結晶ではなくて、後に大流行した『金剛頂経』・金剛界マンダラの要素を数多く導入している。

地蔵菩薩も例外ではない。その図像は、右手をあお向けてその上に宝珠を置き、左手は蓮華の花台の上に如意幢《にょいとう》といわれる幢幡《どうばん》（旗）をのせている。この姿のうち、宝珠は胎蔵系の地蔵菩薩の特色を継承しているといえるが、幢幡は前例がない。

ここで注意しなければならないのは、『大日経』とともに中期密教経典の双璧となった『金剛頂経』である。観音菩薩の章でも触れたが、『大日経』では完全な意味で密教化の完了していなかった尊格達を、「金剛○○菩薩」という形で密教化したのが、『金剛頂経』とそれを図絵化した金剛界マンダラである。

それでは、『金剛頂経』・金剛界マンダラでは、従来の地蔵菩薩はどのように変身したのであろうか。結論を先に述べると、地蔵菩薩は、その財宝性を司る性格から、別の起源を持つ宝幢《ほうとう》菩薩と同一視され、南方を支配する宝部の宝生《ほうしょう》如来の眷属《けんぞく》の一人、専門用語でいうと四親近《ししんごん》菩薩の一つの金剛幢《こんごうどう》菩薩に変化していったのである。

この金剛幢菩薩の図像的特徴としては、手に幢幡を持ち、それをシンボルにしている。そしてこの要素を胎蔵マンダラに取り入れたのが、現図胎蔵マンダラであるために、そこでは、従来の地蔵のシンボル宝珠に加えて、新たに幢幡をも用いるようになったのである。

以上、主として図像面を中心に密教の地蔵菩薩を眺めてきたが、それを要約すると、密教の地蔵菩薩は徹頭徹尾財宝性を表すほとけである。要するに、「地の蔵」という原義が、そこに内包される秘められた宝を示しているのである。

その点、円頂形であり、地獄を救済したり、後に子供と結びついてくるいわゆる顕教系の地蔵菩薩とはかなり性格の異なるものといわねばならない。

奈良時代の地蔵信仰

わが国における地蔵菩薩の受容は、奈良時代から始まる。まず『斑鳩古事便覧《いかるがこじべんらん》』の聖霊院《しょうりょういん》の条に、「一、東御殿三殊勝地蔵尊立像、二尺五寸。この像は敏達《びだつ》天皇の六年丁酉冬十月、太子六歳の時、百済国より将来す。わが朝地蔵の最初なり（後略）」とある。この記録をそのまま承認すれば、敏達天皇の六年、つまり五七七年には、日本最初の地蔵菩薩が将来されていたことになるが、現存せず、ほかにそれを証明する史料もない。

次に、奈良時代の仏教を知る上で、天平写経を見逃すことはできない。いま、石田茂作博士の労作『写経より見たる奈良朝仏教の研究』を参考に、いわゆる天平写経の中から地蔵菩薩に関する経典・儀軌を選び、年代順に列挙すると、以下のようになる。

(1)天平五年　玄奘訳『大乗大集地蔵十輪経』
(2)天平九年　失訳『大方広十輪経』
(3)天平九年　菩提燈訳『占察善悪業報経』
(4)天平十年　玄奘訳『大乗大集地蔵十輪経』
(5)天平十年　同
(6)天平十年　実叉難陀訳『地蔵菩薩本願経』
(7)天平十一年　玄奘訳『大乗大集地蔵十輪経』

(8)天平十九年　実叉難陀訳『地蔵菩薩本願経』
(9)不詳　　　　失訳『地蔵菩薩陀羅尼経』

これより明らかなように、後に地蔵三経と称されるようになる『大乗大集地蔵十輪経』、『地蔵菩薩本願経』、『占察善悪業報経』の三部はすべて認めることができる。また、密教の地蔵経典に展開する過渡期となる『地蔵菩薩陀羅尼経』が、書写年代は不詳であるものの、すでに写経の中に存在していたことは注意すべきである。

次に、『東大寺要録』に、光明皇后が高さ一丈の地蔵菩薩像の造立を、天平十九年（七四七）二月十五日に発願《ほつがん》したことが記されている。ただ、造像記録から判断すると、観音菩薩の四十六例、阿弥陀如来の二十例と比較すると決して多いとはいえない。

また、奈良朝仏教の内実を知る上でしばしば参照される『優婆塞貢進解《うばそくこうしんげ》』を見ると、薬師、阿弥陀、観音、弥勒といった仏・菩薩の経典や陀羅尼が多く記されているのに対し、地蔵関係の経軌は見出せない。これは、新しく僧侶になろうと修学する優婆塞《うばそく》（在家仏教徒）たちの志向を表したものであるだけに、現代における大学入試の傾向と対策にあたる意味を持つといえよう。

それゆえ、写経はなされていても、地蔵菩薩が単独で信仰を集めるにはとても及ばず、まれに造像される場合でも、地蔵菩薩は、もう一方の財宝尊である虚空蔵菩薩と一対になることが多かったようである。いずれにしても、奈良時代の地蔵菩薩の遺品は現存しておらず、文献上から最も古いとされるのが、京都広隆寺の地蔵菩薩坐像（平安前期）である。ただし、同像も虚空蔵菩薩と対になっており、単独像ではない。

その後の地蔵信仰の展開

わが国における地蔵菩薩信仰の本格的普及は、どうやら平安時代後期にまで下るものと思われる。奈良時代末から平安時代中期までに編纂された『日本霊異記』、『三宝絵詞《さんぼうえことば》』、『拾遺往生伝』などの仏教説話集を見ると、観音菩薩の霊験話が圧倒的に多いのに比して、地蔵菩薩の話は、各書とも一つか、二つにすぎない。しかるに、平安時代末成立の『今昔物語』に至ると、一躍十三話を収載している。

しかも、奈良時代には上層階級の人々の写経など限られた人々によってのみ知られていたのに対し、『今昔物語』では、上は貴族、僧侶から、下は下人、従者にまで地蔵菩薩の利益が及んでいる。地蔵信仰がそれだけ広く、しかも深く浸透していた証左といえよう。また、別の項で詳説しているように、京都の祇陀林寺《ぎだりん》においては仁康《にんこう》によって地蔵講の淵源にあたるものが行われるとともに、広隆寺、法隆寺、興福寺、東大寺などに多くの地蔵菩薩像が制作されるようになった。

十世紀から十一世紀にかけて、上層階級を中心にペシミスティックな風潮が広がると、もともと現世性が強かった地蔵菩薩にも、次第に来世の性格が色濃く投影されるようになり、天台宗では、阿弥陀如来を中心に観音・勢至・地蔵・龍樹の五尊を配する独特の尊格グループも一時的に形成された。しかし、この考えはあまり長続きせず、むしろ地蔵信仰の転換点となったのは、六道を救済する六地蔵の成立である。六地蔵信仰は、おそらく六観音にならったものと思われるが、以後、地蔵菩薩が六道、とりわけ地獄というあの世のほとけに変身してゆく上で無視できない意味を持っているので、別項で詳しく取り上げたい。

室町の時代になると、地蔵信仰はより庶民の中に浸透し、多仏思想に基づく千体地蔵の姿も次第に見かけるようになってきた。賽《さい》の河原と地蔵菩薩、あるいは十王と地蔵菩薩が結びつき、実睿《じつえい》の『地蔵菩薩霊験記』などの説話集、『矢田地蔵縁起絵巻』などの地蔵縁起絵巻も作られたのである。

そして、江戸時代になると、地蔵信仰は民間信仰を吸収して、再び現世利益的になるとともに、民衆の切実な要求の多極化につれて、おのおの専門化した内容を持つ地蔵尊を形成していった。すなわち、長寿、安産、育児、農作業などをそれぞれ分掌するものとしての延命地蔵、子安地蔵、子育地蔵、田植地蔵などはその一例である。

また、江戸時代には、子供のほとけとしての地蔵菩薩が確立するとともに、地蔵盆も旧来の出世間《しゅつせけん》的地蔵講から、子供のまつりとしての地蔵盆が出来上がってきたのである。さらに、町角や村外れにある地蔵菩薩像は、これまた従来の道祖神的な役割を加えて、道標地蔵など路傍のほとけの代表的地位を獲得することになるのである。

地蔵菩薩の図像的展開

通形の地蔵菩薩が、頭を丸く剃《そ》ったいわゆる円頂形、もしくは声聞《しょうもん》形をとっていたことは、地蔵経典の中でも古層に属する玄奘訳の『大乗大集地蔵十輪経』に、「その時、地蔵菩薩摩訶薩、(中略)、神通力をもって声聞形を現し、南方より仏前に来至して住す」「地蔵真大士、(中略)、声聞の色相を現し、(中略)、出家の威儀を現し、七宝財伏蔵す」とあることからも十分に知られる。

ところが、手に持つ持物《じもつ》に関しては、地蔵三経等にも明確な規定がなく、地蔵菩薩が流行した中国でも、錫杖や宝珠などを持つものの、どちらの手に持つかなどの点で必ずしも統一がとれているとはいえない。

日本でも、声聞形の地蔵菩薩の図像には相当数のヴァラエティがあるが、大雑把に分類すると、時代の推移にほぼ比例して、次の三つのパターンがあると思われる。

(1)両手に何も持たないもの（空手地蔵）
(2)宝珠を持つもの（宝珠地蔵）
(3)宝珠と錫杖《しゃくじょう》を持つもの（宝珠錫杖地蔵）

錫杖と宝珠を持つ地蔵菩薩
（東京国立博物館）

以下、各例をもう少し詳しく紹介してみたい。

まず、僧形をとり、袈裟《けさ》を着ながら、両手にまったく持物を持たない地蔵菩薩がある。この場合、左右いずれかの手は、親指と人差し指で円輪を作っていることが多い。もう一方の手は、同様の印相を結んで垂下するか、脇腹にそっとあてている。このタイプに属する地蔵菩薩には、奈良興福寺、奈良法隆寺聖霊院の木彫立像があり、いずれも平安時代の制作である。

第二は、一方の手に宝珠を戴く形をとるが、これは左手の例が数多い。残りの手は与願印を結ぶか、あるいは衣の裾をつまんでいる。立像が中心で、奈良室生《むろう》寺、大阪観心寺、奈良法輪寺などの地蔵菩薩が知られているが、珍しい坐像例としては京都広隆寺講堂のものが著名である。

前記の二種のタイプの地蔵菩薩像が比較的古く、平安時代にまで遡るものが多いのに対し、第三のタイプ、つまり錫杖と宝珠を持つ地蔵菩薩像は、藤原時代後期以降の流行である。とくに鎌倉時代にすぐれた作品が多く遺されている。原則として、右手に錫杖、左手に宝珠を持っている。錫杖は、僧が遊行の時に毒虫を避けたり、托鉢を知らせるものであるが、地蔵菩薩が六道巡錫するために、錫杖が持物に選ばれたのであろう。立像、坐像ともにあり、前者では、奈良當麻寺、京都清凉寺、神奈川覚園寺の地蔵菩薩像がすぐれており、後者の坐像では、京都六波羅蜜寺、和歌山常喜院のものが一見に値する。

なお、このタイプ、つまり錫杖と宝珠を持つ姿の地蔵菩薩は、中国に遡ることは確実であり、敦煌に多く見られる特殊な帽子をかぶったいわゆる被帽《ひぼう》地蔵の持物は、この類型の先駆形態である。

なお、図像的に見れば、上記の三種の尊容のほかに、

(4)片脚を垂れて半跏《はんか》するもの（延命地蔵）
(5)裸形《らぎょう》でその上に袈裟を着せるもの（裸形地蔵）
(6)六体組みのもの（六地蔵）
(7)子供を抱くもの（子育地蔵）

などの区別がある。

しかし、これらの諸地蔵は、その内容とも密接に関わっているので、別に項を設けて言及することにしたい。

地蔵菩薩の真言

末法救済のほとけとして出発した地蔵菩薩であったが、密教では、別の流れとして財宝のほとけである地蔵があったことはすでに明らかにしてきたとおりである。ところが、ずっと後代に、とくに日本において死者の追善供養の強調から十三仏の信仰が起こってきたため、それら十三仏の真言が一般に流布することとなった。十三仏と、それらが主宰する忌日を表示すると、以下のごとくである。

(1)初七日忌　不動明王
(2)二七日忌　釈迦如来
(3)三七日忌　文殊菩薩
(4)四七日忌　普賢菩薩
(5)五七日忌　地蔵菩薩
(6)六七日忌　弥勒菩薩
(7)七七日忌　薬師如来
(8)百か日忌　観音菩薩

⑼一周忌　　　勢至菩薩
⑽三回忌　　　阿弥陀如来
⑾七回忌　　　阿閦如来
⑿十三回忌　　大日如来
⒀三十三回忌　虚空蔵菩薩

このうち、大日如来を除くほとけたちは、すべて密教以前からのほとけたちであるが、インドにおいて、七世紀頃から密教が大流行したため、それらの伝統的なほとけたちも密教的に再編成されることとなり、いずれも独自の真言や印相を付加されたのである。

地蔵菩薩も例外ではない。というよりも正確にいえば、密教には、財宝尊としての別系統の地蔵菩薩が『大日経』に説かれているために、それをそのまま、もしくは一部改変して比丘形《びくぎょう》をとる通例の地蔵菩薩の真言にしたのである。

地蔵菩薩の真言には、「オン・カカカ・ビサンマエイ・ソワカ」という真言が使われているが、これは『大日経』の真言をベースにして、唱えやすいように多少アレンジしたものである。

地蔵菩薩の浄土

特定の仏・菩薩には、それ固有の仏国土、もしくは浄土にあたる国があるという信仰は大乗仏教の展開とともに興ってきた。たとえば、阿弥陀如来の極楽国《ごくらくこく》、阿閦《あしゅく》如来の妙喜国《みょうきこく》、薬師如来の浄瑠璃国《じょうるりこく》はよく知られているし、観音菩薩の補陀落国《ふだらくこく》についてはすでに触れた。これに対し、地蔵菩薩にも仏国土があったのだが、現在ではほとんど忘れられてしまっている。

地蔵菩薩の国土は、伽羅陀山《からだせん》というらしい。これについては、地蔵三経の一つの『大乗大集地蔵十輪経』とその異訳にあたる『大方広十輪経』に、

一時、仏、佉羅提耶山《からだや》、牟尼仙《むにせん》（世尊）所在のところにあり（『大方広十輪経』序品）

一時、薄伽梵《ばがぼん》（世尊）、佉羅帝耶山、諸牟尼仙所依の住処にあり（『大乗大集地蔵十輪経』序品）

とあることから明らかである。

しかしながら、両経とも対応するその部分の梵文原典がないので、佉羅提耶にあ

たる原語は何であるかわからない。ただ、この佉羅陀国が南方にあったことはほぼ疑いなく、先述の二種の『十輪経』には、それぞれ、「その時、南方より大香雲来りて大香雨を雨ふらす」、「地蔵菩薩（中略）南方より仏前に来至して住す」と述べている。

地蔵菩薩が南方に住していることは、文化史的に見て二つの点で意味があると思われる。

まず、第一は、南方という方角は、インド古来より死者や祖霊の住む方位と考えられてきた。ヴェーダの祭祀において、祖霊を供養する火炉は必ず南方に設けている。地蔵菩薩が後に死者の地獄救済、あるいは六道救済と結びつくのも、この南という方位と決して無関係ではあるまい。

第二は、密教化した地蔵菩薩、とくに金剛幢菩薩との関係であるが、金剛幢菩薩は、金剛界五仏のうち南方を司る宝生如来の四親近《ししんごん》菩薩（周囲を取り囲む四尊の菩薩）の一尊である。地蔵菩薩が密教化して金剛幢菩薩となり、宝生如来の周囲に配されるのは、地蔵菩薩と宝生如来に共通する財宝性という要素に起因すると考えられるが、地蔵菩薩の南方性という要素も何らかの形で関わりがあったと推測されるのである。

救済のほとけ地蔵菩薩の利益

地蔵菩薩の感応霊験記

ほとけたちの信仰を通して様々の有難い利益を受ける感応記、霊験記の数は少なくない。その場合、信心されるほとけは、観音菩薩と地蔵菩薩の二尊が圧倒的に多い。本書でも、霊験のテーマを分類して、いくつかの説話を紹介しているが、出典となった感応記、霊験記についても一応まとめておきたい。

インド・チベットの文献資料、美術考古資料を見る限り、救済者として地蔵菩薩を説くものはまったく見られない。それに対し、中国・日本では、地蔵菩薩は六道《りくどう》輪廻《りんね》の中でもとくに地獄を救うほとけとして絶大なる信望を得ている。それにしたがって、中国・日本の両国では、地蔵菩薩の霊験を説く書物がいく種か認められる。

まず、中国撰述のものには、北宋の常謹《じょうきん》の『地蔵菩薩霊験記』がある。この書は、唐代以後、宋代に至る地蔵菩薩の霊験を、蘇《そ》生《せい》譚六話、夢《む》告《こく》譚八話、現報譚《げんぽうたん》十八話の合計三十二種収めているが、その中には、宋の時代に、張僧繇《ちょうそうよう》が漢州徳陽県善寂寺の東廊壁上に地蔵菩薩と観音菩薩を各一体置くと、それが異光を放ち、人々が大いに尊んで盛んに模写したという話を伝えている。収録されている話はいずれも唐以後に属し、撰集は、北宋の端拱《たんきょう》二年（九八九）とされている。

ともあれ、同書は中国における最初の地蔵菩薩説話集であり、それに続く遼代の僧非濁《ひだく》集の『三宝感応要略録』などに与えた影響は少なくない。

日本成立の地蔵霊験説話集としては、まず『三国因縁地蔵菩薩霊験記』をあげねばならない。同書は、六部十四巻から成るが、前後二つの部分が集成されたものである。巻一から巻三までは、『地蔵菩薩霊験記』とあり、「三井寺上座実睿《じつえい》編集」と銘されている。また、巻四以下巻十四までは、「良観《りょうかん》続編」の『地蔵菩薩三国霊験記』と題されている。つまり、もともとは、実睿の『地蔵菩薩霊験記』三巻のみが存していたのを、後に良観が新たに日本の感応説話を題材に増補したものといえようか。撰集年代は、『地蔵菩薩霊験記』が長元六年（一〇三三）の頃、また続編を完備した『三国因縁地蔵菩薩霊験記』が貞享元年（一六八四）の刊行である。

次に、地蔵菩薩の信仰が多極化し、民間に定着した江戸時代の初期にも、何点かの特色ある地蔵感応説話集が作られている。中でも注意を払うべきは、求化幻人浄《じょう》慧《え》と号した妙幢《みょうとう》の撰した次の二点である。

(1)『地蔵菩薩利生記』六巻
(2)『地蔵菩薩利益集』五巻

これらは、いずれも浄慧の熱烈なる地蔵信仰の産物であるが、両者とも漢字交じりの平がな文で書かれている。前者は、計三十七条の地蔵利生話が収集されているが、各条の話のあとに撰者のコメントが付されている点が重要である。後者は、浄慧の自序によると、元禄四年（一六九一）七月の日付けがある。前記の『地蔵菩薩利生記』よりは、三年後の作であり、計六十一条の感応伝が収められている。

このほか、越前敦賀《つるが》の必夢龍山《ひつむりゅうざん》長老撰の『仏説延命地蔵菩薩経直談鈔』、釈道熙《どうき》晦巌《かいごん》撰の『地蔵菩薩感応伝』などが十七世紀後半に編纂されている。

また、地蔵菩薩の人気は近代に入っても衰えることはなく、明治二十年には、京都妙心寺の管長樹王《じゅおう》無学《むがく》禅師の信心していた地蔵菩薩の霊験利生譚を、その弟子董《とう》怡《や》が集めて、『地蔵菩薩明治霊験報道編』一巻が撰述されている。

地蔵菩薩の絵巻

先に触れた地蔵菩薩の霊験説話集のほか、それを絵画的に表現したいわゆる地蔵菩薩絵巻がある。厳密にいうと、これには、特定の寺の著名な地蔵菩薩像の建立縁起を表現した縁起絵巻と、いくつかの地蔵尊の霊験説話を集成した霊験説話絵巻の二種がある。

前者の地蔵縁起絵巻には、

(1)矢田地蔵縁起　二巻　奈良矢田寺蔵
(2)別本矢田地蔵縁起　一巻　根津美術館蔵
(3)別本矢田地蔵縁起　一巻　細見氏蔵
(4)星光寺縁起　二巻　東京国立博物館蔵
(5)金台寺矢取地蔵縁起　一巻　安孫子氏蔵

などがある。

これらは、いずれも各寺の地蔵菩薩造立の由来が初めに説かれ、続いて篤く信心

地蔵菩薩霊験記絵巻（東京国立博物館）

する者たちが、地蔵の利益を得た具体的な物語が挿入詞を交じえながら生き生きと表現されている。

　一方の霊験説話絵巻は、美術史では地蔵霊験記絵と呼ばれ、常謹撰『地蔵菩薩霊験記』、頼教撰『地蔵菩薩霊験絵詞』に基づいた地蔵菩薩の利益話を巧みに絵画化している。このうち、前者は中国・宋代の端拱二年（九八九）の撰で、中国における三十二種の地蔵説話が収められている。

　頼教撰の『地蔵菩薩霊験絵詞』は、真《ま》鍋《なべ》広済《こうさい》氏の研究に詳しいが、それによると、上中下の三巻から成り、中には「六波羅蜜寺地蔵造立縁起」、

「桂河地蔵縁起」などの縁起のほかに、「伯耆大山《ほうきだいせん》の僧が下野国《しもつけ》の生身の地蔵を拝した話（いわゆる岩船地蔵縁起）」などが収録されている。

これらの資料に依って制作された地蔵霊験記絵は多数に上るが、多くは以下のように博物館などに保管されている。

(1)東京国立博物館本　一巻
(2)根津美術館本　一巻
(3)フリアー美術館本　一巻
(4)法然寺旧蔵本　一巻および残簡
(5)妙義神社蔵本（詞欠）　一巻

六地蔵

地蔵菩薩は庶民のほとけとして、後に様々に展開していったが、その一つの現れが、墓場などの入口に六体並んで祀られている六地蔵である。しかし、それらの像については正式な経典の根拠があるわけではない。おそらく『地蔵菩薩本願経』に「今、慈悲を興して一切の罪苦の六道の衆生《しゅじょう》を救抜《きゅうばつ》して、不思議のことを述べんと欲す」と説くことなどから、地蔵菩薩と最も関係の深い地獄のほか、餓鬼・畜生・阿修羅・人・天の六道それぞれの教化を受け持つ六尊があると考えて六尊を一組のセットにしたものであろう。

ところで、石仏の六地蔵はいずれもほぼ同じ姿に表現されるが、『覚禅鈔』などのわが国の図像資料を見ると、

第一地獄　大定智悲《だいじょうちひ》地蔵 左持宝珠 右持錫杖

第二餓鬼　大徳清浄地蔵 左持宝珠 右与願

第三畜生　大光明地蔵 左持宝珠 右持如意

第四修羅　清浄無垢地蔵 左持宝珠 右持梵篋

第五人道　大清浄地蔵 左持宝珠 右施無畏

第六天道　大堅固地蔵 左持宝珠 右持経

という六体の地蔵菩薩とそれぞれの持物《じもつ》が説かれている。

もっとも、それにもかかわらず、六地蔵の具体的な名称には、これらの尊名ではなくて、

地蔵	地獄
宝掌	餓鬼
宝処	畜生
宝印手	修羅
持地	人
堅固意	天

の名称が用いられることが多い。六観音の場合と同様の現象が生じたのである。

すでに知られているように、上記の六尊の尊名は、『大日経』に説く地蔵院に登場している地蔵をはじめとする六体の菩薩の名前である。本来ならば、胎蔵マンダラに見られる密教系の地蔵菩薩とその眷属《けんぞく》たちは、長髪で宝冠をいただく菩薩形であるが、姿は円頂形の標準タイプの六地蔵でありながら、名称のみを『大日経』に借りていることは、顕教《けんぎょう》・密教両系の地蔵信仰の混合した例として興味深い。もっとも現図の胎蔵マンダラでは、さらに日光、除憂暗《じょゆうあん》、不空見の三菩薩を加えて九尊になっている。

なお、これらの六地蔵に、それぞれ銭一文を供養するために六文銭という発想が起こり、三途の河の渡し賃の意味も合わせて、現在でも死者の棺の中に紙でできた銭（紙銭）を納める習慣が残っている。周知のごとく、六文銭は真田十勇士で若人の血を湧かせた戦国時代の智将真田幸村の旗印であった。

それでは、このような六地蔵の信仰は、一体いつの頃から生じてきたのであろうか。伝説によると、京都の六地蔵、および地蔵盆は、歌人としても知られていた小野篁《おののたかむら》が、六体の地蔵を作り、木幡《こわた》の法雲山大善寺に安置したのが初めという。けれども、歴史的にももう少し下ることは疑いない。

地蔵菩薩の研究者として不朽の仕事を残した真鍋広済氏の研究によれば、「六地蔵」という言葉が初めてものの本に見えてくるのは、三善為康《みよしためやす》の著した『拾遺往生伝』であるという。

すなわち、同書の巻下には、二位大納言藤原経実《つねざね》の奥方が重病になった時に、その母が病気平癒のために七仏薬師の像を造立した。けれども、奥方は今度はどうやら回復しそうにないので、むしろ六地蔵像の造顕を頼んだという。

この『拾遺往生伝』は、康和《こうわ》年中（一〇九九―一一〇四）の成立と考えられているので、十二世紀の初頭、つまり平安時代の末頃にはすでに六地蔵の信仰と造像が

六地蔵

普及していたと推測してよかろう。

　これに続いて、天永元年（一一一〇）頃の作といわれる『今昔物語』では、六地蔵信仰がかなり進展したようである。同物語巻十七の第二十三話の玉祖惟高《たまのおやこれたか》の霊験話がそれである。

　長徳四年（九九八）の四月の頃、周防《すおう》の国一ノ宮の宮司であった惟高は、急の病のために絶命した。そして冥土の野原でさまよっていると六人の小僧が現れ、「我らは六地蔵である。汝《なんじ》は神官であるが、我を信じること篤かった。その功徳により蘇生させるので、娑婆《しゃば》に帰って六体の像を造って恭敬すべし」と告げたという。

また、『吾妻鏡《あずまかがみ》』第九の文治五年（一一八九）九月の条に、奥州平泉中尊寺金色堂内に、阿弥陀三尊とともに六体の地蔵菩薩像を祀り、しかもそれが定朝《じょうちょう》の作になることを記している。同年八月、奥州藤原氏は源頼朝により討たれたが、定朝作という六地蔵像はその優麗な姿を今にとどめている。

いずれにしても、平安時代の後半期には、六道を救済する六地蔵が人々の信仰を集めるようになっていたのである。

六地蔵巡り

六地蔵とは、地蔵菩薩の六道救済にちなんで六体の地蔵菩薩を集合することであった。したがって、現在も墓地や火葬場の入口に六体の地蔵像が造立されることが本義であるべきであったが、京都や東京では、町の入口や要地にあたる地点六か所を選んでそこに札所風に一尊ずつの地蔵菩薩像を祀り、それらを順に参拝する習慣が生じてきたのである。

こうした六所地蔵巡《めぐ》りの先駆をなすものとして、地蔵菩薩の霊場巡拝の初期の資料にあたる『源平盛衰記』第六の「西光卒都婆の事」の次の記事をあげねばならない。

七道の辻ごとに六体の地蔵菩薩を造り奉り、卒都婆《そとば》の上に道場を構えて、大悲の尊像を据え奉り、廻《まわ》り地蔵と名づけて七個所に安置して（中略）。四宮河原、木幡の里、造道《つくりみち》、西七条、蓮台野、みぞろ池、西坂本、これなり

これより明らかなように、十三世紀の中頃の作と考えられる『源平盛衰記』では、六地蔵の本義である六体の地蔵菩薩像を一か所に造立することを説いているが、その有名な個所が四宮や蓮台野などの七つあって、それらを巡礼することを廻《まわ》り地蔵と述べている。

ところが、室町時代になって、九代将軍義尚《よしひさ》（十五世紀後半）の頃になると、「六地蔵」の「六」が別の意味に考えられ、「六個所」の地蔵尊に詣ることになったのである。

すなわち、十五世紀後半に編纂された『資益王記《すけますおうのき》』の文明十四年（一四八二）の七月二十四日、つまり地蔵盆にあたる日の条を見ると、「六地蔵に参る。いわゆる西院、壬生《みぶ》、八田、屋根葺《やねふき》、清和院《せいわいん》、正親町西洞院《おおぎまちにしのとういん》」と六か所の地蔵霊場をあげている。

これは、先述の西光法師の廻り地蔵ともかなり異なり、また今日の京都六地蔵とも相違しているが、室町時代の一つの例として参考になろう。

なお、現在では、

(1)御菩薩池《みぞろがいけ》（深泥池）　北区鞍馬口寺町　上善寺
(2)山科　山科区四ノ宮　徳林庵
(3)六地蔵　伏見区桃山町　大善寺
(4)鳥羽　南区上鳥羽　浄禅寺
(5)桂　西京区下桂　地蔵寺
(6)常盤　右京区太秦　源光寺

の六か所が京都（洛陽）六地蔵と呼ばれ、一尊ずつの地蔵菩薩像を奉安している。とくに、八月二十三・二十四日の地蔵盆には参詣の人々でにぎわい、臨時バスが出ることもある。

これに対して、関東では時代が下り、江戸時代に入って、「江戸はじめの六地蔵」や「江戸六地蔵」のことがいわれたとあるが、戦前の東都六地蔵としては、

(1)瑞泰寺　文京区 向丘《むこうがおか》
(2)専念寺　文京区千駄木
(3)浄光寺　荒川区西日暮里
(4)心行寺　府中市紅葉丘
(5)地蔵堂　台東区上野桜木
(6)正智院　台東区浅草

があげられている。

そして、こちらでは毎月二十四日に参詣する人が少なくないという。

このほか、滋賀県甲賀市などにも六地蔵巡りの習慣がある。

賽の河原と地蔵菩薩

最近でこそ知る人の数が少なくなっているが、戦前くらいまでは、地蔵菩薩といえば、まず賽《さい》の河原の物語が頭に浮かび、それを詠じた『西院《さい》河原地蔵和讃』の切々とした響きが人々の心を深く打ったものであった。

念仏聖の空也《くうや》（—九七二）作と伝えられる『西院河原地蔵和讃』のとくに人口に膾炙《かいしゃ》した部分を取り上げると、次のようである。

これはこの世のことならず
死出《しで》の山路の裾野なる
西院《さい》の河原の物語
聞くにつけても哀れなり
二つや三つや四つ五つ
十にも足らぬみどり子が
西院の河原に集りて
父上恋し母恋し
恋し恋しと泣く声は
この世の声とはこと変わり
悲しさ骨身を通すなり
かのみどり子の所作として
河原の石を取り集め

これにて廻向《えこう》の塔を組む
一重組んでは父のため
二重組んでは母のため
三重組んではふるさとの
兄弟わが身と廻向して
（以下略）

内容をもう少し詳しく説明すると、親に先立って亡くなった子供たちは、三途《さんず》の川の賽の河原で、両親や兄弟たちをなつかしみ、石の塔を築くと鬼がやってきてそれを壊してしまう。それを哀れんだ地蔵菩薩が、子供たちを抱いて、錫杖の柄に取り付かせ、自分が子供たちの親となって救うことを誓うのである。

この和讃では、すでに子供、とくに夭折《ようせつ》した子供たちを守るほとけとして地蔵菩薩が登場していることは注目しなければならない。

なお、賽の河原は、辞書類には「小児が死後に行き、苦を受けるところと信ぜられた冥土にある河原」と説明されているが、経典には言及がなく、昔から諸説紛々である。なかには、河原に積んだ小石塔が双六《すごろく》の賽に似ているからだといういささか笑い話的な解釈もあるが、一応説得力のありそうなのは、かつて京都の賀茂川と桂川の合流するところが佐比《さい》という昔の葬地で、その河原に死体を埋葬し、石を積んで塔婆《とうば》に擬したことから由来するという説である。

賽という言葉は、おそらくここから派生したものであろうが、この習慣に加えて、『法華経』の「方便品」に、「童子たわむれに砂を集めて仏塔を造るも、みなすでに仏道を成ず」とある童子造仏塔の思想と、『地蔵菩薩本願経』に説く十種利益の冒頭の「女人安産」が交じり合って、亡くなって賽の河原で石塔を積む子供たちを地蔵菩薩が守護するという信仰が出来上がっていったのであろう。そして、佐比の字が「賽」、「西院」などの字にあてられ、各地で地蔵信仰の霊場として発展していったものと思われる。

なお、賽の河原の思想は、空也作と伝えられる『西院河原地蔵和讃』をそのまま承認すると、平安時代中頃まで遡《さかのぼ》るが、現実の問題としては、空也の名に託した後世の作であることは明白である。歴史的に確実な史料には、室町時代のお伽草子《とぎぞうし》『伊吹山絵詞《えことば》』や『富士の人穴《ひとあな》草子』などがあることから判断して、やはり地蔵菩薩の信仰が急速に庶民化した室町時代の成立と考えるのが妥当であろう。

現在では、箱根や恐山のように、火山地帯で硫気孔《りゅうきこう》や温泉があるところを賽の河原と呼ぶが、それはイメージとしての地獄が拡大解釈されたものである。

勝軍地蔵

あらゆる分野で人々の切なる願いを満たしてくれる地蔵菩薩ではあるが、その中にはやはりかつての乱世の世相を反映して、戦乱や騒動に際して地蔵菩薩の御利益を得たという話が多数残っている。その中では、次に述べる清水寺の勝軍《しょうぐん》地蔵が群を抜いてよく知られており、後に武具をまとった地蔵菩薩も制作されるようになったのである。

戦場で働いた地蔵菩薩の中でも代表格は、京都清水寺の勝軍地蔵である。『元亨《げんこう》釈書《しゃくしょ》』や『地蔵三国霊験記』に記すところを要約すると次のような話である。

昔、奥州で反乱があった時、京都の朝廷は坂上田村麿《さかのうえのたむらまろ》を征夷大将軍に任じ、その討伐を命じた。離京の前に、田村麿は知己《ちき》の間柄であった清水寺の延鎮《えんちん》法師に戦勝祈願を依頼した。出征した官軍は奥州で賊軍との間に戦端を開いたが、神楽崗《かぐらおか》の戦いで田村麿軍は矢が尽きはて、にわかに苦戦に陥った。その時、どこからともなく、一人の比丘《びく》と一人の少年が現れ、矢を拾っては官軍に与えたのである。その甲斐あってようやく反乱軍を打ち破ることができた。

帰京の後、延鎮法師にこの不思議を物語ったところ、先の二人は、出征中、延鎮が顕造した勝軍地蔵と勝敵《しょうてき》毘沙門の二尊が霊験を現して、奥州の戦場まで駆けつけたものであることがわかった。なんとなれば、この二尊の脚にはべっとりと戦場の泥がついていたのである。

永正十四年（一五一七）に描かれた土佐光信《とさみつのぶ》筆の『清水寺縁起絵巻』には、この逸話が興味深く描かれている。

同じように、戦場で矢を拾って与えた地蔵菩薩の霊験を伝えるのが、滋賀県愛知《えち》郡愛荘町《あいしょうちょう》仏心寺に伝わる「矢取り地蔵」の話である。

平安時代、検非違使《けびいし》左衛門尉であった平諸道の父は、戦いで持ち矢を射尽くして苦戦を強いられ、思わず氏寺の地蔵菩薩の加護を祈った。そうすると、一人の小僧が戦場に現れ、矢を拾って諸道の父に与えたので、ようやくにして勝利を納めることができた。けれども、その小僧は背中に一矢を受けるや、たちまちその姿を消してしまったのである。

不思議に思っていた諸道の父が、後日、自らの氏寺に参詣すると、何と地蔵尊の背後に矢がつきささっているではないか。さては地蔵菩薩の御加護かと彼は感涙にむせび、ますます信心を深くしたという。

いずれの話も、地蔵菩薩が戦場において主人公に加勢をしたというモチーフであり、地蔵菩薩の数多い御利益の一つが戦いで発揮されたといえよう。とくに、後者の話は、次に取り上げる身代り地蔵の話とも一脈通じるところがある。

身代り地蔵

身代り地蔵というのは、かなり広い概念であるが、要するに代受苦《だいじゅく》という言葉があるように、様々の災難や苦しみに際して、地蔵菩薩がその役割を代ってくれる話である。仏教のほとけたちの中でも、菩薩には慈悲深い尊格が多いが、中でも地蔵菩薩はよりわれわれ人間に近い存在であるだけに、災難のピンチヒッターまでしてくれるのである。

数ある身代り地蔵の話の中でも、よく知られているのが、京都壬生寺《みぶでら》の縄目《なわめ》地蔵である。

後村上天皇の興国《こうこく》六年（一三四五）の頃、南北両朝の抗争の中、南朝方の児《こ》島高徳《じまたかのり》は、京都に攻め上り、足利尊氏を討つために四条壬生の宿にひそんでいた。ところが、どうして情報が漏れたのか、足利方に知られ、逆に夜討ちを受け壊滅的な打撃を受けたのである。

その時、児島方の手勢の中に香勾《こうわ》新左衛門高遠という者がいた。彼は多勢に無勢と壬生の地蔵堂の中に身をかくそうとして適当な場所を探しあぐねていた。するとその時、寺僧かと思われる法師が一人現れて、高遠の持っていた大刀と自らの念珠を交換した。そこに追手の兵たちが乱入したが、開き直った高遠が預った念珠をくりながら、『地蔵本願経』の偈文《げもん》を唱えていると、追手は参詣人かと思って詮索しなかった。

そして逆に血刀を持っていた法師をとらえ、高手小手《たかてこて》にしばり上げて牢に放り込んだのである。ところが、翌日になって牢番たちが見てみると、囚人の影も形もない。それどころか、牢内には素晴らしい香の薫りが満ちているではないか。

これはただ事ではないと、牢番が壬生寺の地蔵堂へ赴き、戸をあけてみると、何とそこには縄にしばられた地蔵菩薩がおわすではないか。これを見た三人の牢番は懺悔《ざんげ》発心《ほっしん》して仏道に入ったという。

この話は、『太平記』の第二十四巻に収録されているが、戦場の御利益話であるとともに、身代り地蔵の典型的な説話ということができる。

壬生寺は、近年の火災で、残念なことに地蔵菩薩像、四天王像を焼失したが、地蔵菩薩の寺として今も人々の尊信を集めている。とくに境内北西隅の千体地蔵は、民衆祈願の石仏群の代表的遺跡である。

延命地蔵

多くの機能を集約された地蔵信仰の中にあって、とくに寿命長遠というわれわれの根本的欲求を満たしてくれるのが延命地蔵である。延命地蔵という信仰は、延命長寿の要素を持つ普賢延命や延命観音などと軌を一にするものであろうが、その成立はインド・中国の可能性はまずなく、やはり日本と仮定して大過なかろう。おそらく、鎌倉時代の頃に成立したと推測される『仏説延命地蔵菩薩経』と密接な関連があったものと思われる。

延命地蔵（京都禅定寺）

ところで、仏教美術的に延命地蔵を見分けることはそう困難なことではない。それは、延命地蔵と呼ばれる地蔵菩薩の像は、坐勢に特色があることである。つまり、半跏《はんか》像、とくに、左脚を台座から垂下し、その上に右脚を置く姿勢をとることが多い（右脚垂下の例もある）。厳密にいうと、半跏坐の地蔵にも二つのタイプがあり、右手を頰にあてて思惟の姿をとるものを最も狭義の延命地蔵ということもあるが、現実には半跏坐の地蔵菩薩像はおおむね延命地蔵と見なしてよい。

なお、延命地蔵は、掌善《しょうぜん》・掌悪《しょうあく》という名前の二童子を左右に侍らすことが多い。

作品的にいえば、延命地蔵の古い例としては、藤原時代後期に属するものでは、京都安国寺、同禅定寺《ぜんじょうじ》、滋賀正福寺、福岡観世音寺の木彫が知られている。鎌倉時代になると、その数はさらに増え、奈良法隆寺、同帯解寺《おびとけでら》、三重大長寺、滋賀真光寺などの彫像がある。

なお、手の持物は、後に確立した右手錫杖、左手宝珠の場合が最も数多く見受けられる。

被帽地蔵

地蔵菩薩の姿・形を論じる場合、どうしても忘れることができないのが、敦煌《とんこう》を中心とする西域、および朝鮮半島に特徴的に認められる被帽《ひぼう》地蔵である。

地蔵菩薩の通形は、頭部は円頂の比丘《びく》形で、袈裟を身につけている。ところが、敦煌絵画などに多数見受けられる地蔵菩薩はやや異なる姿をとっている。すなわち、頭部に帽子のようなものをかぶっている。また服を見ると、インド的な出家の姿ではなく、むしろ中国的な法衣と袈裟をつけている。

頭部を衣の一部で蔽《おお》う姿は、中国では白衣観音や達磨大師などの流行像に顕著であるが、被帽地蔵の場合はやや異なり、衣の一部というよりは、円頂の頭を保護する頭巾のような作りとなっている。

こうした被帽地蔵の根拠を経典や儀軌《ぎき》に求めることは困難である。また、どうして帽子をかぶるかの理由を記述したものはない。

しかし、この種の地蔵菩薩像が敦煌と朝鮮半島にのみ多作されていることは、それなりの風土的意味があるのであろう。

あえて私見を述べれば、円頂形の地蔵は、主として中国本土で流行した。けれども敦煌などの辺地でそれを受容した場合、強い日差しと乾燥した風土から考えると、頭部をそのまま露《あら》わにした姿では日射病などの恐れもある。そういう自然的環境などに鑑み、自然と地蔵菩薩の頭頂に頭巾をかぶせて守ってあげるようになったのであろうか。

なお、朝鮮半島でも中国と並んで被帽地蔵像が十王と結びついて流行した。とくに、朝鮮半島には、ほかに例の少ない彫刻の被帽地蔵菩薩像も作られている。朝鮮画の被帽地蔵像はかなりの数がわが国に舶載されているが、なかでも「地蔵曼荼羅図」と称される香川県与田寺《よだじ》のものがよく知られている。

日本でも、それらの中国・朝鮮の絵画資料を参考に、何点かの転写図像が作られたようで、京都仁和寺に保存されている白描《はくびょう》の被帽地蔵図はその中の白眉である。また、奈良の信貴山朝護孫子寺《しぎさんちょうごそんしじ》の絹本著色画像が故佐和隆研《さわりゅうけん》博士によって紹介されている。

裸形地蔵

わが国の地蔵菩薩像の中で、やや特殊な美術表現にあたるのが、裸形《らぎょう》地蔵である。これは、全身、もしくは上半身を裸形に彫出し、その上に衣装を着せて礼拝したものと思われる。

代表的な例には、奈良伝香寺の地蔵菩薩像、三重金剛証寺の地蔵菩薩像があげられる。

このうち、とくに著名なのは、伝香寺の全裸地蔵菩薩像で、もと興福寺の延寿院の本尊であったものが、明治初年に同寺に移安されたという。檜材の寄木造りで、玉眼を入れて彩色している。如来の通形にならって陰部は螺旋《らせん》状の馬陰蔵相《めおんぞうそう》を表す。左手は屈臂《くっぴ》して宝珠をささげ持ち、右手は背を軽く曲げて錫杖をとる姿である。その胎内には、仏像、舎利容器、経巻などの納入品が収められており、願文から、安《あん》貞《てい》二年（一二二八）、八十三歳の妙法尼が中心になって造立されたことが知られる。

このような裸形像が多く造像されたのは、平安後期から鎌倉時代にかけてであり、伝香寺の地蔵菩薩像のほかに、神奈川鶴岡八幡宮の弁才天、神奈川青蓮寺の弘法大師像、兵庫浄土寺の阿弥陀如来像などの優品が多い。鎌倉時代に裸形彫刻が流行したのは、同時代特有のリアリズムが根底となって、さらに生きた人間のように裸身に衣装を着せたいという欲求が生じたのであろうか。

加えて、裸形地蔵菩薩像の場合、毛利久《もうりひさし》氏の言及があるように、待賢門院《たいけんもんいん》などの女性たちがわざわざ縫い上げた法服を仏像に着せたのであり、このような身近な信仰心が強くなってきたものと思われる。しかも着物を仕立てて着せるという点が女性とより強く結びついており、地蔵信仰の特殊な一面を表している。

田植地蔵

人々の様々な欲求に応じて、地蔵菩薩はまさに八面六臂の働きをするようになったが、その一つに農耕社会の中で歓迎された地蔵信仰がある。それは、何でもともに働き、われわれの仕事の苦しみをともに背負ったり、場合によっては代ってくれることから起こってきたいわゆる田植地蔵、もしくは泥付地蔵である。

平安時代最末期の成立とされる説話集『宝物集』巻三によると、近江の坂本で田植の人手がなくて困っている老女がいたが、一晩のうちにある人が代って田植をすませてくれた。不思議と感じた彼女が、日頃信心している地蔵菩薩の像を見ると、何と足元に泥がべったりとこびりついているではないか。

それからこの地蔵は、泥付地蔵とか田植地蔵などと呼ばれるようになったというが、同様の話は、地方に、とくに農村地帯に数多く残されている。

たとえば、筑後の国のある貧しい農夫が、病に臥《ふ》し、小作の田圃《たんぼ》さえ十分に手入れできぬことを日頃信心していた地蔵尊に訴えたところ、一人の小法師が周囲の人々の妨害を受けながらも田圃に水を引いた。後に調べてみると地蔵尊の御像に矢がささっていたという話があり、『地蔵霊験記』や一連の『地蔵絵巻』に含まれている。

また、江州《ごうしゅう》（滋賀県）には、米どころということもあって農業援助に関わる地蔵尊の霊験話が、湖北木之本の地蔵尊や東近江市東光寺の地蔵尊にちなんで残されている。話の内容は、いずれも日頃信心している地蔵菩薩が、農民の苦境の求めに応じて田植や草取りを行い、利益を与えたというものである。つまり、地蔵菩薩の積極的働きを自分たちの生業である農業活動の中に要請したものであるといえる。

また、少し観点が異なるが、最近小学校の低学年の教科書にも登場して親しまれている笠地蔵も、老人の親切に対して六地蔵が米や食料を恩返しするというテーマであり、一種の農耕援助地蔵の変形と見られないことはない。

この点、観音菩薩よりも、不動明王よりもさらに一層われわれに近い地蔵菩薩だからこそ可能であると考えられるのである。

地蔵菩薩と子供

地蔵菩薩が子供と関わりの深いことは、後代に盛んになってきた地蔵盆から見ても納得のゆくところである。

いま、経文の中から地蔵菩薩と子供の関係を探ってみると、思ったほど明瞭ではなく、わずかに『地蔵菩薩本願経』に、「童子、戯《たわむ》れに、もし草木および筆、あるいは指の爪甲をもって仏像を画作すれば、このような人々は、次第に功徳を積み、大悲心を具足して、皆すでに仏道を成じる」とある程度にすぎない。

しかしながら、『今昔物語』をはじめとする説話集、さらには、一連の地蔵霊験記の中には、地蔵がとくに子供に利益を与える話が次第に数多く見られるようになってくる。

その代表的な例が、大津三井寺の常照法師の霊験話である。

昔、三井寺に常照という名の法師がいたが、三十歳で若死にした。そして地獄に落ち、閻魔大王の面前に連れて行かれた時、一人の端正な姿をした小僧が進み出て、次のように命乞いした。

「私は、常照が幼少のみぎり、戯れに法師の形を造って地蔵さまといって拝んでいた地蔵尊である。この男は自らを誇り、他をおとしめた罪で地獄に落ちるべきであるが、子供の時の功徳で許して欲しい」

その結果、常照はこの世に蘇生することができたというストーリーであるが、子供の時の作善《さぜん》が後に報いられたということで、『今昔物語』巻十七に初出以後、『元亨釈書』などの史書をはじめ、『地蔵感応伝』『地蔵霊験記』等に好んで引用されている。したがって、一説では、この霊験談に由来して、関西地方で子供主体の地蔵盆が起こったといわれている。

わが国を舞台とした地蔵菩薩の子供救済の話は、このほか、遠州の天龍川の河原で、砂に地蔵の絵を描いていた子供が、溺れるところを地蔵に助けられた話や、同じ駿河の国で、貧しいが信心深い孝女の商売の手伝いを地蔵が代りに行った話などが伝えられている。

もっとも、『今昔物語』を例外とすれば、子供と地蔵菩薩の関係をとくに強調する傾向は、室町時代以後急激に目立ってくるものであって、それには賽の河原で子供たちを救う地蔵菩薩の働きが無関係ではないと思われる。また、地蔵の円頂形が子供のイメージと重複し、地獄救済の考えをさらに現在にまで敷衍《ふえん》させ、地蔵菩薩は、子供や身体の不自由なものなど弱者を救って下さるほとけであるという考えも興ってきたようである。

地蔵盆

関東地方では七月に、また関西地方では八月二十三日から二十四日にかけて、各地で地蔵盆の祭りが盛大に催される。とくに京阪神地方では、各町内や寺院にある地蔵尊をきらびやかに飾りたて、ちょうちんをつり下げ、生花やお菓子、果物あるいはかぼちゃやほおずきなどをお供えする。夜には、子供会や花火大会も行われ、古い習慣の残っている寺院や町内では、大きな数珠を真言や経文を唱えながら順にくってゆく数珠くりを行うところもある。ともあれ、残り少ない夏休みの楽しい思い出として宿題の絵日記などに取り上げられることが多い。

この地蔵盆、現在では、地蔵菩薩が子供の守りぼとけであるので、地蔵菩薩の縁日である二十四日の子供たちのお祭りを行うという風に現代的に説明されているが、その起源はどうであったのだろうか。

六地蔵巡りが室町時代にすでに行われていたことは触れたが、それは七月二十四日の地蔵の縁日にあたっていた。

地蔵菩薩の縁日を二十四日とすることは中国に由来する。すなわち、南宋の咸淳《かんじゅん》六年（一二七〇）に示寂《じじゃく》した虚堂禅師の私集である『虚堂録』の巻七によると、当時、五祖山に戒禅師という聖僧がおり、一日の定光仏から始まって三十日の釈迦仏に至るまで毎日一尊ずつを至心に礼拝した。これが各尊の縁日に展開したが、二十四日に礼拝したのが地蔵菩薩であったという。

敦煌出土の中国撰述経典である『地蔵菩薩十斎日』には、「二十四日、太山府君《たいさんぶくん》下る。地蔵菩薩を念ぜば斬听地獄に堕せず。斎を持すれば罪を除くこと一千劫なり」とあり、冥府の神である太山府君と関係づけられている。

わが国では、『今昔物語』に、「今日はこれ月の二十四日、地蔵菩薩の御日なり」という表現があったり、月の二十四日に生まれた男児を地蔵丸と命名する話があることなどから、十一世紀末頃には、二十四日を地蔵菩薩の日とする習慣が一般化していたと考えられる。

これを受けて、江戸時代に良観が再編した『地蔵菩薩三国霊験記』では、「今日、二十四日なり。地蔵菩薩の縁日に当れり」とはっきり述べられている。

ところで、わが国独特の地蔵盆の直接起源になったのは、平安時代の中頃から興ってきた地蔵講ではなかったと推測される。それを物語るものとして、『今昔物語』

巻十七に説かれる僧仁康の逸話がある。

今は昔、京に祇陀林寺《ぎだりんじ》という寺があり、そこに仁康という僧が住んでいた。時に、治安《じあん》三年（一〇二三）の四月頃、疫病がはやり、道には死屍が累々と横たわっていた。これを愁《うれ》えた仁康の夢枕に、一人の小僧が立ち、告げていうには、「もし汝が地蔵菩薩の像を造ってその功徳をたたえるならば、現世に迷う人々を救い、あの世では地獄で苦しむ人々を救うことができるであろう」と。夢から醒めた仁康は、早速、大仏師康成に頼んで半金色の地蔵菩薩像を作って開眼供養し、その後は多数の道俗男女を集めて地蔵菩薩を供養する地蔵講を催した。そうすると、仁康や信者たちはついに疫病に冒されなかった。

このように、平安時代中頃以来、京都の祇陀林寺や六波羅蜜寺などをはじめとして地蔵菩薩を供養する地蔵講、地蔵会、地蔵祭が行われ始めた。ただ、それは、むしろ出世間的な地蔵菩薩の供養日であって、今日われわれが想像するような子供たちの祭りではなかった。

地蔵講は、中世以降毎月二十四日に催されることが多かったが、旧暦七月は盆月であることもあり、とくに七月二十四日を地蔵盆と称することになったものと想像される。

それでは、一体いつの頃から今のような地蔵盆の催事が行われるようになったのであろうか。確とした資料はないが、恐らく江戸時代の頃に、それまでに興起していた賽の河原の思想や子育地蔵の考え、あるいは地蔵尊の頭部の丸いことが子供の頭の格好と結びついて地蔵盆として発展していったのであろうか。

地蔵流し（兵庫木元寺）

それも、江戸を中心とする関東地方ではなくて、京都などの上方《かみがた》方面に盛んに行われた行事であったことは、著名な戯作《げさく》作家である滝沢馬琴《たきざわばきん》の旅行記『覊旅漫録《きりょまんろく》』の、

七月二十二日より二十四日にいたり、京の町々地蔵祭あり。一町一組家主年寄の

家に幕を張り、地蔵菩薩を安置し、いろいろの供え物をかざり、前には灯明提灯をだし、家の前には手すりをつけ、仏像の前に通夜して酒もり遊べり

というような珍しいものを見るごとき記述からうかがい知ることができる。

ともあれ、地蔵盆は古来の地蔵菩薩の供養日という意味に、子供のほとけという要素が重なり合い、最近では、とくに地蔵菩薩に子供のすこやかな成長を祈願するお祭りという形に変化してきたことは否めない。

地蔵盆の風習には、数珠くり、盆踊りなどに加えて、摂津の木之元地蔵尊（兵庫県西宮市木元寺）のように地蔵流しを続けているところもある。最近ではゲーム大会、子供カラオケ大会など演出が派手になってもいる。もっとも地域のコミュニケーション行事が非常に少なくなっている現在、地蔵盆は郷愁を誘う懐かしいお祭りである。

地蔵尊の霊場

庶民のほとけの一方の雄、観音菩薩は、中世以後、古寺を中心とした霊場信仰と結びつき、観音の化身の数三十三にちなんだ西国三十三か所、そしてそれを意識し

て成立した坂東三十三か所、秩父三十四か所の各霊場を中心に華々しく展開していった。

一方の不動尊は、行者的性格の強いこともあって、当初は単独の霊場が人気を集めたが、近年になって新たな巡礼ブームに便乗して縁日の二十八日に則った武相《ぶそう》二十八不動、あるいは三十六童子にちなんだ近畿三十六不動などの霊場グループが新しく作られている。

これに対して、地蔵菩薩の霊場は比較的少なく、しかも特定の数をそろえた例はない。

次に、地蔵菩薩の信仰を知る上で、いくつかの特色ある霊場を取り上げてみることも決して無駄ではなかろう。

古来の地蔵菩薩の霊場信仰を、現在の時点から正確に復元することは難しいが、頼教撰の『地蔵菩薩霊験絵詞』の巻末に、後世の人の筆で以下の諸所の名前が「地蔵霊験所」として列記されている。

山城

祇陀林、六波羅、禅林寺、北山、常在光院、壬生、清水寺、比叡山・水飲、宇

治廻り、太秦寺、愛宕権現、やねふき（六角猪熊）、四条道場、西山法華山寺、
嘉祥寺（深草）、醍醐寺、戒光寺（八条堀川）、千松原、小坂（東山）、富小路、
東洞院、清和院、矢田（綾小路町）、ほうやけ（七条坊門猪熊）
近江
宝地房、般若谷、千手井、三井、十禅寺、六度寺、三井寺（正法院）、知見坊
（横川）、蚊野村
大和
春日大明神、南円堂、橋寺、法隆寺、矢田寺、奈良福智院、川上目蔵君別行
紀伊
高野山学仏房、賢蔵坊、金山寺
伊勢
飯高郡、高岡如来寺（三重郡）、阿野津、浅間
播磨
国隆寺（高草郡野坂）、極楽寺（印南郡葦見浦）
越中
立山権現、瀬戸道場（三河）

越後

神蔵寺、弥彦明神、金焼

坂東

鎌倉名越山王堂、二階堂、亀谷寿福寺、艶坂、岩屋堂、佐介谷、建長寺、箱根山、武蔵六浦津、上野利根河魚取、下野薬師寺、下野岩船、和泉谷

西国肥前

肥御崎地蔵権現、筑前朝日寺、備中有津郡宮師、九州水引、伯耆大山

土佐

室戸津、中村踊

以上の中には、京都の六波羅蜜寺や関東下野の岩船地蔵などのように、現在でも地蔵信仰が盛んである個所もある反面、今ではほとんど継承されずに消失している所も少なくない。また、京都の清水寺や下野の薬師寺のごとく、地蔵よりもむしろ他のほとけの寺として有名なものもある。

さらには、ここには記述がないが、後代になって急速に信仰を集めた地蔵尊も数多く見受けられる。ともあれ、ほとけたちの信仰、各寺社の信仰にもやはり栄枯盛

衰があり、それを決定づけたのは、実際にその時代を生きた人々だったのである。

津軽恐山

西国、坂東、秩父をはじめとする熱烈な観音信仰の霊場、あるいは全国に多く存在する不動尊の霊場に比較すると、地蔵菩薩の場合は、町角や村外れに小さな石仏は無数に認められるものの、いざ著名な霊場地となると、前節に掲げた個所が中心で、そのほかにはあまり気のつくものは多くない。

その中にあって、一か所だけあえて地蔵菩薩の霊場をあげるとすれば、私は青森県下北半島のむつ市にある恐山をあげておきたい。

恐山は、下北半島のほぼ中央に位置する円錐形の休火山で、宇曽利山《うそり》ともいう。ここには火口湖の宇曽利湖があるが、周囲は火山地帯特有の硫気孔や温泉などの景観を呈している。そのため、古くから東北の南部地方の人々は、ここを死霊のとどまるところと信じていたのである。

ところが、仏教の思想、とくに地蔵信仰の東北普及とともに、火山地帯特有の他界的な地理景観が、地獄の血の池や賽の河原と結びつけられ、独特の世界を形成してゆくのである。

ここに曹洞系の円通寺がある。同寺では江戸時代の頃から地蔵講が近在の人々を集めて盛大に営まれていたが、明治・大正の頃から人出をあてこんでイタコという盲目の行者たちが、参詣人の要望に応じて、死者の口寄せをするようになると、むしろこの方が有名となり始めた。

恐山の大祭は、毎年七月二十日から二十四日まで催され、全国から多数の参詣人が訪れるが、元来は円通寺の地蔵講から生じたものである。地蔵菩薩の霊場であることから、夭折《ようせつ》したわが子の声を聞きに、はるばる遠くから若い両親が足を運び、エクスタシーに入ったイタコの声に涙する有様は、いくら科学万能主義の現代とはいえ、見る者に深い感動を与えずにおられない。

東北の地蔵霊場・恐山

現代の地蔵信仰

現世での欲求を満たしてくれる要素の強い観音菩薩と不動明王が、霊場巡拝の根強い人

気に支えられて、今日でも多くの人々の尊信を得ているのに比して、地蔵菩薩の信仰はやや押されがちな気がするのは私だけではあるまい。その最大の要因は、地蔵菩薩のキャッチフレーズの一つであった六道輪廻、とりわけ堕地獄の思想が現代の人々にとって、次第に実感しにくい情勢になっているからである。現代社会でも、戦争や飢餓の危機は絶ゆることがない。いなむしろより可能性が増しているともいえよう。そういう意味では、現実に地獄といえる状況が世界各地に散在しているのである。

それにもかかわらず、現代人が地蔵菩薩をはじめ仏教的なものから遠ざかりつつあるのは、「見えない世界」に対する感覚が次第に麻痺しつつあるためではないかと思う。古代の日本人は、自己の力の有限性を知るとともに、見えない存在に対する畏敬の念を持っていた。ところが、物質文明、科学万能主義などの急速な発展に刺激されて、見える世界こそがすべてであるという考えを持つ人々が急増してきたのである。

観音・地蔵・不動の三尊を比較した場合、最も来世性といおうか、「あの世」性といおうか、見えない世界と結びつく要素の強いのは地蔵菩薩である。そのため、目に見える世界での「有求必応《ゆうきゆうひつおう》」(求め有れば必ず応える)を得意とする観音・不動の二尊に水をあけられたのであろう。

　とはいえ、現在でも地蔵菩薩は、次の二点で人々と密接な関わりを持っている。第一は、地蔵盆の個所で触れたように、子供の守り本尊という特色である。この面では観音・不動を大きく引き離している。たとえ年に一、二日であっても、地蔵盆に子供が集い、地蔵菩薩に報恩謝徳を行うことは大きな意味があるといえよう。

　第二は、地蔵菩薩のあの世的特色をむしろ最大限に発揮した水子地蔵の爆発的流行である。水子観音の項でも触れたように、様々な事情によってこの世の土を踏むことなく、散っていった水子、あるいは生まれながらも生活苦などから間引かれていった子供たちは古来その数が限りない。そうした哀れな水子たちは、これまで特定のほとけに託されることはなく、施餓鬼や盂蘭盆《うらぼん》にかねて供養されることが少なくなかった。

　ところで、物質文明の発達した現代ではあるが、それに逆比例する精神的空しさの増大なども作用して、水子の問題はより一層深刻化し、一種の社会問題ともなっている。そういう折、これまでの慈悲のほとけの代表である地蔵菩薩や観音菩薩に水子の供養を担当してもらうという考えが強くなってきた。いわゆる水子地蔵、水子観音である。

確かに、水子とは極端な言い方をすれば、一種の殺人行為であり、罪の意識にさいなまれるのは人間として当然である。それゆえ、自然な気持からその子の菩提を弔い、あわせて自らの心を清めることはまさに大事なことである。

ただ、最近のやや異常な水子ブームはいささか危惧を禁じえない。自然発生的な供養の気持ちからではなしに、誰かがブームをあおり、「すべての災いの根源は水子にあり」という一種のたたり的発想を強調している。霊的存在の容認は仏教の大前提の一つではあり、心の痛みを素直に懺悔することは大切であるが、現状の水子ブームは仏教の別な面での展開であるような気がしてならない。

不動明王の展開とすがた

不動明王とは

数ある明王の中でも最も重要な尊格は、いうまでもなく不動《ふどう》明王である。不動明王、もしくは無動尊《むどうそん》などと呼ばれるこのほとけは、わが国では、観音と地蔵の二菩薩と並んで庶民のほとけの三大中心尊となっている。

その起源は、「アチャラ（Acala）」、あるいは「アチャラナータ（Acala-nātha）」というインドの尊格であったことはほぼ疑いない。「アチャラ」とは「動かないもの」という意味であり、内容的には「大山」、もしくは「山のごとく動じないもの」を表現していると考えられる。この「アチャラ」というエピテット（あだ名）が、ヒンドゥー教の代表的忿怒尊《ふんぬそん》であるシヴァ神の多数の呼称中に認められることから、従来、シヴァ神の信仰がそのまま仏教の不動明王に変化したという主張もある。後述するように、不動明王の特殊タイプである三面六臂《ろっぴ》の不動には、確かにシヴァ神との関連を示唆する図像的特徴がかなり見出されるが、基本となるべき一面二臂の通形像の不動明王の姿は、必ずしもシヴァ神の要素だけでは説明がつかないようにも思われる。

仏教文献としては、盛唐の菩提流志《ぼだいるし》が景龍《けいりょう》三年（七〇九）に訳出した『不空羂索《ふくうけんじゃく》神変真言経《じんぺんしんごんきょう》』の第九巻に、釈迦を中心とした観音曼荼羅の北側の尊格の一つとして、「北面の西より第一は、不動使者なり。左手は羂索《けんじゃく》を執《と》り、右手は剣を持し、半跏趺坐《はんかふざ》す」と掲げるものが初出と思われる。

ここに説かれる「不動使者」、つまり「使い走り」としての不動がどうやら最初のイメージであって、それが重要密教経典である『大日経《だいにちきょう》』の次の文章に展開してゆくのではなかろうか。

真言主（大日如来）の下、涅哩底《ぬりてい》（南西）の方に依って、不動如来使あり。慧刀《えとう》と羂索を持し、頂髪、左肩に垂《た》る。一目にして諦観し、威怒身《いぬしん》にして猛焰あり。安住して盤石《ばんじゃく》に在り、面門（額のこと）に水波《すいは》の相あり。充満せる童子の形なり。

『胎蔵図像』の不動明王図（奈良国立博物館）

このような使い走り、給仕としての不動が原初の姿であるが、それでは誰の使い走りをするのかということになると、それは大日如来の使者である。したがって、召し使いとして最も適当な童子(子供)の姿をとることになるのである。この意味で最も原初の不動明王のイメージを残しているのは、善無《ぜんむ》畏《い》系といわれる『胎蔵図《たいぞうず》像《ぞう》』の不動明王像である。

こうして召し使いとして出発した不動明王であるが、その後、教化しにくい人々を教化するためには、外見上恐ろしい姿をした尊格、つまり明王の役割が必要ということになると、不動明王も「使者」よりは、次第に「忿怒《ふんぬ》王《おう》」の特色が顕《あら》わになってくる。その典型的な例が五大明王の中心としての不動明王であり、そこでは大日如来との関係もはっきりと整理され、教令輪身《きょうりょうりんじん》といって、大日如来がおとなしく従わない人々を無理に従わせるために恐ろしい姿を仮に現した存在というように解釈されてくるのである。

不動尊か、不動明王か

不動という尊格を呼ぶ場合に、その下に「尊」という言葉をつけて「不動尊《ふどうそん》」という場合と、明王であることから「不動明王《ふどうみようおう》」と称する場合がある。このうち、前者は、インドの原語が、「アチャラナータ（Acala-nātha）」すなわち「不動なる尊者」となっていたことに起因するもので、わが国でも不動尊の霊場という表現が普及している。

これに対して、不動明王という表現は、原語という見地に立てば、それを証明する梵語資料はまだ見つかっていない。したがって「不動明王」という用語は不適当だというラディカルな意見もあるが、密教の漢訳術語の草わけというべき一行《いちぎよう》禅師撰述の『大日経疏《だいにちきようしよ》』では、すでにこの言葉が使用されている。また、不動が尊格分類でいう「明王」の範疇《はんちゆう》に属することを疑う人はいない。いくら、原典にないからといって、「不動明王」という名称を抹殺してしまうのは少し行きすぎだろう。この点は、原語にはない「胎蔵界」という言葉が、後に定まった用語として使用されたことと同様の関係といえる。

なお、概していえば、美術史の分野では、不動明王という言葉を使うことが多く、逆に信仰などの面では、地蔵尊、文殊尊などと同じように不動尊と称する傾向が強いようである。

経軌に説く不動明王

実際の彫刻や絵画、あるいは白描図像と呼ばれる仏画資料に表現される不動明王の多様性は実に顕著であるが、その典拠ともなった不動明王関係の経典・儀軌のことについて、まず最初に取り上げねばなるまい。

ただし、この作業は、日本の密教に影響を与えたものに焦点を合わせたため、漢訳資料を中心としており、梵本、チベット訳等については、よほどの必要がない限り触れないことにしたい。

現在まで伝わっている不動明王関係の漢訳経軌の数は相当量に達する。煩を恐れず、それらをあげると以下のごとくである。

(1)菩提流志訳『不空羂索神変真言経』
(2)善無畏・一行共訳『大毘盧遮那成仏神変加持経』(略称『大日経』)
(3)不空訳『底哩三昧耶《ちりさまや》不動尊威怒王使者念誦法』(略称『使者念誦法』)

(4)不空訳『底哩三昧耶不動尊聖者念誦秘密法』（略称『念誦秘密法』）
(5)不空訳『金剛手光明灌頂経最勝立印聖無動尊大威怒王念誦儀軌法品』（略称『立印儀軌』）
(6)不空訳『金剛頂瑜伽《ゆが》護摩儀軌』
(7)金剛智訳『不動使者陀羅尼秘密法』
(8)金剛智訳『聖無動尊安鎮家国等法』
(9)不空・遍智共集『勝軍不動明王四十八使者秘密成就儀軌』

このうち、(7)の金剛智訳以下は、いかなる経典目録にも言及がなく、いわゆる「疑経《ぎきょう》」（中国成立経典）の可能性が強いが、それでも晩唐期までには出来上がっていたことは事実であろう。また、それら以外にも、後期密教系の三面六臂の不動を説く例として、宋の法賢訳の『仏説瑜伽大教王経』と『仏説幻化網大瑜伽教十忿怒明王大明観想儀軌経』などがある。

次に前記の漢訳経軌を、そこに説かれる不動明王の類型にしたがって、以下のように分類してみよう。

a　一面二臂像

(イ)　大日経系不動

(ロ)　金剛杵《こんごうしょ》を持つ不動

(ハ)　左剣右索の不動

(ニ)　宝蓮華に坐す不動

b　四臂像

(イ)　一面四臂不動

(ロ)　四面四臂不動

c　六臂像

(イ)　三面六臂不動

説明を加えると、一面二臂像とは、通常形の不動明王像であるが、これにも数種類のヴァラエティがある。

まず、筆者が「大日経系」と呼ぶグループは、日本の不動明王の基本となるパターンであり、右手に刀剣、左手に羂索《けんじゃく》をとり、童子の姿をしている。詳しい記述は、一行撰の注釈書『大日経疏』にあるが、時代的にはむしろ『不空羂索神変真言経』

が先行している。
(ロ)の「金剛杵を持つ不動」とは、仏部・蓮華部・金剛部の諸尊三部のうち、本来は金剛部に属するべき不動明王の意義を強調したもので、『不動使者陀羅尼秘密法』、『立印儀軌』、『使者念誦法』などがそれにあたる。ただし、中には左手に羂索ではなく、宝棒を持つケースもあり、『使者念誦法』などはそうである。
次に、(ハ)の「左剣右索」の不動とは、鎌倉期の仏教図像集『覚禅鈔《かくぜんしょう》』に見られるものであるが、持物《じもつ》が通例と左右逆になっている。これについて、『使者念誦法』が、「左手剣をとり、右手に羂索をとる」と説くのに対して、天台宗の学僧安然《あんねん》(八四一―九一五頃)は、写誤と考えて訂正している。

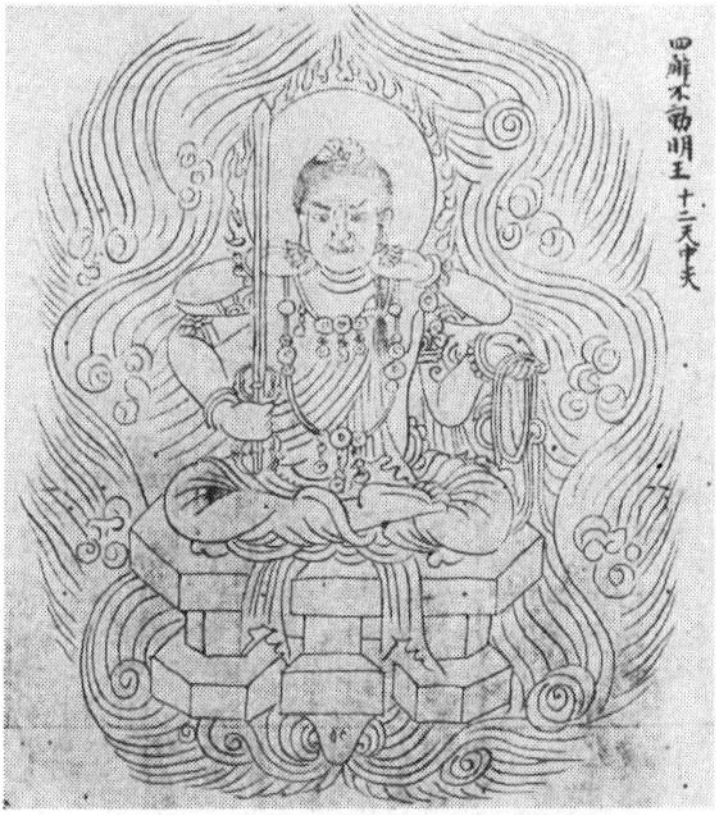

一面四臂の不動明王（『別尊雑記』）

けれども、故佐和隆研博士によると、インドネシアのトゥラーン博物館に、左手金剛棒、右手羂索の姿をとる不動明王らしい像が所蔵されているとのことであるので、一概に訂正する必要もないだろう。

㈡は、通形の岩座ではなくて、菩薩と同様に蓮弁（蓮華の花弁）から成る宝蓮華座に坐すものである。これには、『念誦秘密法』、『使者念誦法』などが典拠となる。

続いて、多面多臂の不動明王像について語らねばならない。一面二臂の童子の姿から出発した不動明王ではあるが、後にヒンドゥー教のシヴァ神などの影響を受けたことは容易に想像され、次第に三面・四面の多面、四臂・六臂の多臂の像容をとるようになってきた。

三面六臂の不動明王（『別尊雑記』）

このうち、四臂像に関しては、一面のものと四面のものに分かれる。前者は、『金剛頂瑜伽護摩儀軌』、および『聖無動尊安鎮家国等法』に説かれるが、いずれも国家、国土を守る護国思想と結びついている点が重要である。

両者とも、二臂を口の両辺に置き、あたかも牙のような格好をして威嚇するポーズをとる。そして、この一面四臂の不動明王坐像を中心に置き、周囲に十天、もしくは十二天を配置して、国を守る一大マンダラを形成するのである。

四面四臂の像は、不空訳の『念誦秘密法』と『使者念誦法』という二種の『底哩《ち り》三昧耶経《さ ま やきよう》』と、同人訳の『立印儀軌』に説かれるが、『覚禅鈔』などの図像集や、『田中本不動儀軌』等の特殊な図像に見られるものの、やや怪異な風貌ということもあって、一般には影響を与えなかった。

最後に六臂の像は、やはり『覚禅鈔』や『田中本不動儀軌』に収録されているが、典拠は宋代の法賢《ほうけん》訳『仏説瑜伽大教王経』などの後期密教系の経典であり、日本に一応紹介されたが、人々の関心を誘うには至らなかったようである。

インドにおける不動明王像

不動明王がインドで成立したことは、今日ほぼ定説化されているが、多数の石像を見出すことのできる観音像とは逆に、不動明王の像は、石像、鋳像、壁画を問わず、ほとんど報告されていない。

とりわけ、『不空羂索神変真言経』や『大日経』に説かれる最も原初タイプの童子形不動明王像は、経典原典の散逸という歴史的状況も手伝って皆無と言ってよい。この点、観音菩薩の場合でも、十一面、千手、不空羂索、如意輪などの初期の変化観音像の作例が、後代の変化観音像の例に比べて極端に少ないこととも決して無関係ではなかろう。

また、探し方でいえば、観音菩薩の場合は、絶対的決め手とはいえないまでも、頭頂の化仏《けぶつ》や蓮華の持物が大きなウェイトを占めている。一方、不動明王のケースでは、図像的特色は、インドでも両手に持った剣と羂索（捕獲用のなわ）である。もっとも、一つ注意しなければならないのは、観音の侍者として仏教化したハヤグリーヴァ（漢訳名馬頭）も、時には同じような持物をとることである。チベットの場合でもそうであるが、剣と羂索を持っているから直ちに不動明王と考えるのは少し早計というべきかも知れない（馬頭の場合は、右手に棒を持つことがある）。

観音・地蔵の二菩薩とは違って、不動明王は密教の尊格に限られる。その場合、不動明王でも『大日経』という密教経典に基づく中期密教系の不動明王と、タントラ仏教といわれる後期密教系の不動明王とでは少し性格や図像表現が異なっている。

このうち、後期密教の不動明王に関しては、項を改めて詳説するが、インド、およびその文化を最も忠実に受け容れたネパールでは、後期密教系の不動のうち、チャンダマハーローシャナ（Caṇḍamahāroṣaṇa）といわれるタイプの不動明王の石像や板絵、あるいは貝葉《ばいよう》の挿絵を見ることができる。

インドでの石像でまず間違いのないものは、インド仏教最後の拠点であったヴィクラマシーラ寺院趾から発掘されたチャンダマハーローシャナ像であるが、これについては後に改めて触れたい。

中国の不動明王像

わが国の密教の直接の故郷となった中国の密教は、唐代にその絶頂期を迎えたが、唐末に嵐のごとく襲った武宗《ぶそう》の会昌《かいしょう》の法難（八四二—八四五）という仏教弾圧の被害を最も甚大に蒙《こうむ》り、その主たる活動は唐代をもって終焉したといっても過言ではない。

中国密教における不動明王の信仰や造形活動も、おおむねこの時代に集約される感がある。この点、後期密教が主体となり、不動明王も後期密教系のチャンダマハーローシャナが大きな役割を果たしたインド・チベットとは著しい対照を示している。

中国の不動明王に関しては、文献的には先に掲げた一連の漢訳不動経軌が中心資料となるが、これ以外に現物資料ともいうべき美術考古資料が残されている。それらを検討することから、中国密教における不動明王の信仰の昔を復元してみたいと思う。

中国から出土している仏教美術遺品の中に、以下の三体の不動明王の石像を見出すことができる。

(1)米国フィールド博物館蔵　石造不動明王坐像
(2)中国陝西《せんせい》省博物館蔵　石造不動明王坐像
(3)中国陝西省博物館蔵　石造不動明王坐像

このうち、これまで唐代石彫不動の唯一の例として知られていたのが、(1)のアメリカ・シカゴ市のフィールド博物館蔵の不動明王坐像である。この像は、西安（旧長安）市北方の村落より発掘されたもので、緻密な黒大理石に彫られた総高四十六センチの小像である。蓮華座の上に結跏趺坐し、『大日経』の規定のごとく、左に長い弁髪を垂れている。左手先は欠損しているが、右手には火炎光を発する長大な剣を握っている。

⑵・⑶は、いずれも中国の西安市にある陝西省博物館に保管されている。⑵は、頭の上部を欠いた不動明王坐像であるが、先年日本で開かれた中華人民共和国文物展に出品された。同像は、岩座にのり、右手に剣を持つが、左手先と頭部の一部を欠いている。材質は白大理石で、その衣褶《いしゅう》表現はなかなか見事である。

最後の像は、両手を欠くため、持物も不明であるが、頭頂から左下に垂れる弁髪《べんぱつ》から不動明王と断定しても問題ないだろう。坐法は岩座の上に結跏趺坐している。

以上の諸例を通観して明らかなように、いずれも石造で、坐っており、左に弁髪を垂らす点など、『大日経』の標準的な不動明王図像を継承している。また表情も温和であり、後期密教のあくの強さはない。加えて、両眼を見開いていることは、空海が指導したと伝えられる東寺の講堂像などと同軌であり、その典拠となった可能性が強い。

これらは、いわゆる中期密教系の不動明王であって、日本の真

中国出土の石造不動明王坐像
（米国フィールド博物館）

言・天台両密教の母胎となったことは疑いない。また、数少ない中国密教の彫刻の中で三体もの不動明王像が発見されたことは、一時的にしろ中国での信仰が決して弱いものでなかったことを物語っている。

さらに、三体のすべてが、多かれ少なかれ破損を受けていることは、唐代密教がその末期において想像以上の迫害を受けた事実を示していると考えられる。

なお、弘法大師帰朝の際の霊験像と伝えられる高野山南院《なんいん》蔵の波切《なみきり》不動も、最近では伝承どおり中国での制作と考えられる可能性が強くなったことを付け加えておきたい。

五大明王への展開

不動明王は、代表的な明王として単独でも大いに信仰されたことは、先に掲げた数多くの不動関係の漢訳経軌からも明らかである。

ところで、威力ある明王を数尊集めて、より強力なグループを作り上げる傾向が次第に生じてきたのは自然の勢いであるといえよう。インドの後期密教でマンダラを守護する護法尊として大いに力をふるった十忿怒尊（Daśa-krodha-rāja）は、その典型例である。

不動明王を筆頭とする五大明王は、中国や日本で篤く信仰され、独特のマンダラを形成するとともに、彫像・画像・法具などにおいて多数のすぐれた遺品を今も残している。

五大明王の祖型を最初に説いたのは、鳩摩《くま》羅什《らじゅう》訳と伝えられる『仁王般若波羅蜜多経』二巻である。『仁王経《にんのうきょう》』と略称される経典は、空《くう》の思想を説く広義の『般若経』の一種であるが、説話の要素や護国思想も含んでおり、成立地の問題も合わせて複雑な要素を内包した経典である。

『仁王経』には、二種の漢訳本が現存しているが、前者が羅什訳の『仁王般若波羅蜜多経』であり、後者が唐代密教の大家不空三蔵が訳し直した『仁王護国般若波羅蜜経』二巻である。それぞれを、『旧訳《くやく》仁王経』、『新訳《しんやく》仁王経』と呼ぶ習慣がある。

このうち、前者の『旧訳仁王経』の「受持品」第七で、以下の五体の忿怒菩薩が登場する。

金剛吼菩薩
龍王吼菩薩
無畏十力吼菩薩

雷電吼菩薩
無量力吼菩薩

これら五尊の名称の最後には、すべて「吼《く》」という語が付加されているが、この字は「吠える」とか、「叫《さけ》ぶ」という意味で、大声を出して悪しきものを調伏《ちょうぶく》する働きを持っている。同経では、詳しい像容の説明は一切されていないが、従来の温和で物静かな如来や菩薩のタイプとは異なって、燃えたぎる忿怒の力で相手を威嚇する尊格が仏教の表面に表れ出てきたことは大いに注目すべきであろう。

これらは、五大力吼菩薩とか、五大力尊と呼ばれるが、まだ「明王」という名称を使わず、不動明王等のわれわれに親しい尊名になっていない点は留意しておかねばならない。

ところが、不空訳の『新訳仁王経』になると、原本に変化があったというよりは、おそらく翻訳者不空の独断と英断に則って、経典の中に、

金剛波羅蜜多菩薩
金剛手菩薩

金剛宝菩薩
金剛利菩薩
金剛薬叉《やしゃ》菩薩

という五体の金剛界マンダラの尊格として再登場する。

これに続いて、同じ不空が、『新訳仁王経』の実修用のための注釈書として創作した『仁王般若波羅蜜多念誦儀軌』（略称『仁王般若念誦儀軌』）では、さらに新しい展開が見られる。

すなわち、不空は、『新訳仁王経』に説かれる五菩薩を、修行者の願いにしたがって姿を現す存在（正法輪身《しょうぼうりんじん》）とし、大日如来の教勅《きょうちょく》（教えとさとし）を受けて容易に信仰しない衆生《しゅじょう》を導くために恐ろしい姿を示現する存在（教令輪身《きょうりょうりんじん》）との二種の側面があるとしている。つまり、同じ尊格が両様の姿をとって現れるわけである。

その対応と配列は、以下のごとくである。

五方	五菩薩	五金剛
東方	金剛手菩薩	降三世金剛

南方　金剛宝菩薩　甘露軍荼利金剛
西方　金剛利菩薩　六足金剛
北方　金剛薬叉菩薩　浄身金剛
中方　金剛波羅蜜多菩薩　不動金剛

ここにおいて、教令輪身の中に、「不動」、「降三世《ごうざんぜ》」、「軍荼利《ぐんだり》」というわれわれに親しい名称が見られるようになる。また「六足」とは、実際に六本の足を持つ大《だい》威徳《いとく》明王の、「浄身」とは、汚れを取り除く烏枢沙摩《うすさま》明王の別名であり、ようやく五大明王の原型が備わったことになる。

なお、『仁王般若念誦儀軌』では、正法輪身と教令輪身の二種のみであったが、後になると、不空訳と伝えられる『摂無礙経《しょうむげきょう》』（別称『補陀落海会軌《ふだらくかいえき》』）に説かれるように、二種輪身の基本となるべき存在（自性輪身《じしょうりんじん》）を加えて、自性輪身・正法輪身・教令輪身の三輪身説に依拠した次のような五大明王の体系が確立されるのである。

五仏　五菩薩　五忿怒（明王）

毘盧遮那仏　（金剛）般若菩薩　不動尊
阿閦仏　金剛薩埵菩薩　降三世尊
宝生仏　金剛蔵王菩薩（＝金剛宝）　軍荼利
無量寿仏　文殊師利菩薩（＝金剛利）　六足尊（＝大威徳）
不空成就仏　金剛牙菩薩　金剛夜叉

少し補足すると、五大明王の第五番目については、金剛夜叉明王をあげる説と、烏枢沙摩明王をあげる説の二種がある。一般的傾向として、真言宗系が金剛夜叉明王を、天台宗系は烏枢沙摩明王を尊重するようである。

空海と不動明王

わが国の不動明王の歴史を考察する場合、どうしても弘法大師空海を取り上げねばならない。なぜならば、空海こそが不動明王信仰の事実上の将来者といえるからである。

空海以前の奈良時代、あるいは平安時代初期に、不動明王が単独で尊崇された形跡はまったく見られない。もちろん、経典としては、多少とも不動明王に触れる

『不空羂索神変真言経』、『大日経』などが天平写経の中に認められるが、これらも不動明王の根本経軌ではない。

空海と不動明王の関連は、

(1)不動関係の重要経軌を初めて将来したこと
(2)空海の指導した仏像・マンダラなどに不動明王が登場すること
(3)空海の伝記にちなんだ不動明王の霊験が伝えられること

などの諸点を数えることができる。

まず、空海が初めて、不動明王を本尊とする経典をわが国に持ち帰ったことは、彼の公式帰朝目録である『御請来目録《ごしょうらい》』に、

(1)底哩三昧耶経
(2)金剛手光明灌頂経最勝立印聖無動尊大威怒王念誦儀軌法品
(3)不動尊使者陀羅尼秘密法
(4)梵字不動尊儀軌

という不動明王を本尊とする経典・儀軌が見られることからも明白である。

次に、空海が直接関係を持った仏像・マンダラ等で不動明王と関連があるのは、以下の三種である。

(1)神護寺蔵　紫綾地金銀泥絵両界曼荼羅図中の不動明王図
(2)東寺講堂　不動明王坐像
(3)東寺・醍醐寺蔵　仁王経五方諸尊図中の不動明王図

(1)の高雄《たかお》神護寺蔵の金銀泥絵両界曼荼羅図は、淳和《じゅんな》天皇の御願によって天長年間（八二四―八三四）に作成されたものと伝えられているが、その真偽はともかくとして、空海在世当時に彼の指図にしたがって描かれたと考えてよかろう。このマンダラ図は、空海直接の指図になるものとして大切にされたものとみえ、「高雄金泥曼荼羅中にこれあり」と註記をする密教図像が、平安時代末期より各種の図像資料に見られている。

また、大師二百年御遠忌《ごおんき》に際して、仁和寺の成蓮房兼意《じょうれんぼうけんい》が、このマンダラ図を原本にして白描粉本を作ったことは有名である。

同図の不動明王像は、一応『大日経』に説く標準形の不動明王を継承しているが、両眼揃って見開き、上歯をもって下唇をかむことは新しい流れと考えられ、とくに空海やそれに続く初期の不動明王像に特徴的な像容である。

(2)の東寺講堂像は、寺伝によると、空海在世当時の制作と伝えるが、正確には歿後の承和《じょうわ》五年(八三八)頃に出来上がったと考えられる。しかし、その計画は空海によってなされたとみて差し支えない。この像は、神護寺本とほぼ共通するが、頭上に、弁髪ではなく、蓮華を頂き、背後に頭光だけでなく、身光まで付け加えている。両目ともに開くことは神護寺のものと等しい。同じ東寺の西院の不動明王像は、秘仏であるが、講堂像と同系列の優品である。

(3)の『仁王経五方諸尊図』は、空海の『御請来目録』等に記されているわけではない。けれども、東寺講堂の立体マンダラと同じく、『仁王経』に依拠した仁王経マンダラの基本資料となるものである。また、『覚禅鈔』その他の記すところによると、この原本は、大師御筆《ぎょひつ》本として吉野金峰山路山田寺に旧蔵されていたが、その後多くの人々の手を経る間に原本が失われた。現在、東寺と醍醐寺に保存されているのは、醍醐三宝院の定海《じょうかい》僧正(一〇七四—一一四九)が、有名な画僧定智《じょうち》に書写させたものの転写本という。

『仁王経五方諸尊図』は、五幅にそれぞれ柔和と忿怒の二種の菩薩、救い難い者たちを教化するために恐ろしい姿をした明王、それに護法の意味を持つ四天王と帝釈天を、次のように配している。

	本地菩薩	忿怒菩薩	明王	天部
中幅	金剛波羅蜜（転法輪）	金剛到岸	不動	帝釈
東幅	普賢	金剛手	降三世	持国
南幅	虚空蔵	金剛宝	軍荼利	増長
西幅	曼殊室利《まんじゅしり》（文殊）	金剛利	大威徳	広目
北幅	摧一切魔《さいいっさいま》	金剛薬叉	金剛夜叉	多聞

不動明王は、中央幅に、菩薩形の金剛波羅蜜《こんごうはらみつ》菩薩、忿怒形の金剛到岸《こんごうとうがん》菩薩、および帝釈天等とともに描かれている。同像は、磐石をあらわす瑟々座《しっしつざ》の上に、頭光を頂き、両足を踏ん張って立っている。髪は、オールバックの総髪で、六つの花をのせている。両眼はやはり見開いている。これらは、まったく経軌から外れた画期的

な変化発展ということができる。

このように、空海とゆかりのあると推測される三種の不動明王像を取り上げたが、これらの像は、いずれも経軌の表現に束縛されることなく、独自の見解に基づいて再解釈されている。経典にしろ、教義にしろ、自らの創見で巧みに再編成していった空海の面目が、この分野にも及んでいると考えることも不可能ではなかろう。

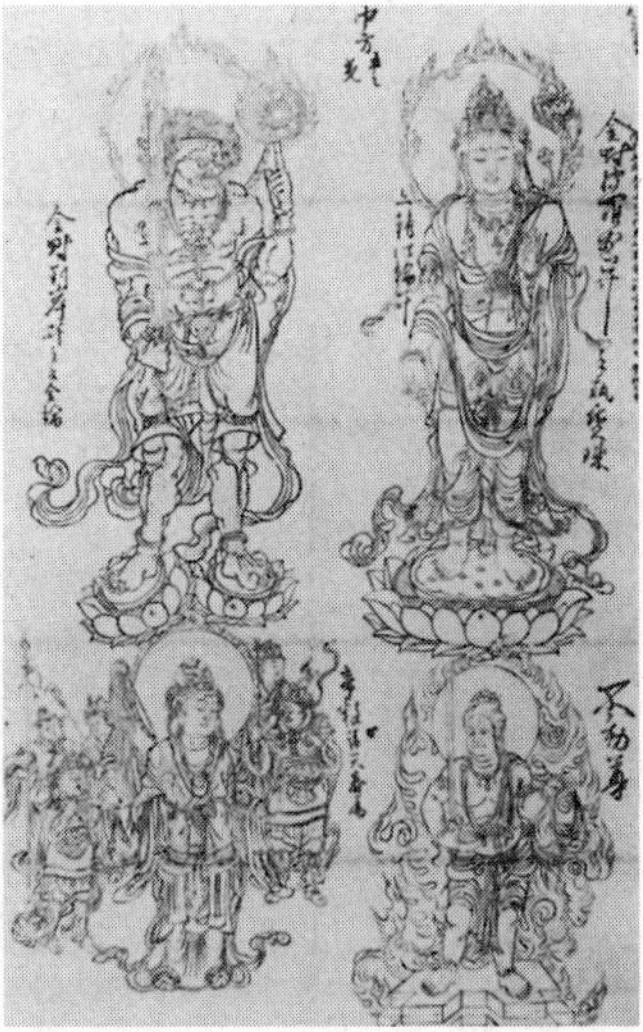

仁王経五方諸尊図［中幅］（京都東寺）

最後に、いささか厳密な歴史考証から離れるが、空海の生涯に関する伝説に登場するいわゆる「波切《なみきり》不動」について付記しておこう。

この高野山南院蔵の波切不動明王像に関しては、『南院記』より引用した『高野春秋』には、次のように述べられている。

> 弘法大師帰朝の時、恵果《けいか》阿《あ》闍梨《じゃり》の命によって風波の難を鎮護するため、一刀三

礼の御長三尺の不動尊容を彫刻す。恵果師は、すなわちこれを開眼す。世人の波切不動と号するはこれなり。船中霊験の事は院譜に詳《つまび》らかなり。

すなわち、すでに、人口に膾炙《かいしゃ》しているごとく、空海帰国の時、暴風雨に遭い、中国将来の不動明王像に祈願して無事を得たというのである。よく似た話は、同じ高野山龍光院蔵の伝船中湧現観音画像にも伝えられている。

ともあれ、この波切不動像は、その後も厄難除災に効験あるほとけとして篤く信仰され、蒙古来襲の国難には、はるばる九州まで出開帳《でがいちょう》したといわれている。

なお、同像の彫刻史的制作年代論には、多大の困難さを含んでおり、貞観説、藤原説などのほか、近年では中国将来説も有力となっている。ともあれ、伝説とはいえ、空海の生涯の軌跡に不動明王が深くかかわっていたと信じられていることは、やはり重要な意味を持つと考えたいのである。

五大明王信仰の発展

一尊だけでも強力な力を持つ明王を五尊集めて一つのグループにした五大明王は、空海が自らの寺、京都の東寺の講堂に、『仁王経』および『金剛頂経』に基づく立体マンダラを構築して以来、急速に広がっていった。

その信仰は、藤原氏を中心とする貴族階級の人々の人気を集め、五大堂という五大明王を安置する特殊な堂が大きな密教寺院には競って建立された。五大堂の建築物としては、京都上醍醐の五大堂が旧国宝に指定されていたが、遺憾なことに昭和七年、焼失してしまった。現存のものとしては、京都の神護寺、大覚寺、宇治の平等院などの五大堂が知られている。

また、五大明王の各尊にそれぞれ修法《しゅほう》する大壇を設け、五人の僧で祈禱《きとう》するという五壇法も次第に行われるようになった。この五壇法は、元来の目的である他に対する調伏《ちょうぶく》・降伏《ごうぶく》のほか、安産の祈禱にも効験があるといわれ、応和元年（九六一）、喜慶《きけい》が延暦寺大日院で導師をつとめたのを初例として、しばしば修せられたという。

要するに、五壇法の盛行は、五大明王の成立と同様に、壇（祈禱のための祭壇）の数と尊の数が多いほど御利益も多くなるという発想に起因すると思われ、不動明王一尊を一つの大壇で祈禱していたのを、次第に五大明王の五壇法へ改めていった例も記録されている。こうした背景には、同法の最大の施主であった藤原道長の嗜好が反映されており、彼は除病などに際して好んで五壇法を修せしめたと伝えられている。

その後の不動信仰の展開

空海により事実上わが国にもたらされた密教のほとけ不動明王の信仰は、既述のように、まず『仁王経』に説かれる護国のほとけとして出発した。以後、空海の後継者たちにより、様々の尊格を本尊とする密教の修法が確立し、国家護持に加えて、藤原氏をはじめとする貴族階級の人々によって、安産や治病などの私的祈禱にも用いられた。

続いて前項で触れたように、不動明王単独ではなく、降三世《ごうざんぜ》明王以下の四大明王を加えた五大明王の信仰が院政期を頂点に大いにもてはやされた。時代の不安さから、ますます怪異で、力強いものを求める傾向がエスカレートしたせいもあろう。

けれども、源平の戦乱も終わって、世間も落ちつきを取り戻すと、不動明王は五大明王から離れて元の単独尊に戻るとともに、もう少し穏やかな形で信仰されるようになった。またこの時代以降は、一部の上層階級の人々よりも、むしろ広く多くの人々に受け容れられるようになっていったのである。これには、山岳宗教の修験者たちが、密教、とくに不動明王を積極的に取り入れ、護摩行を通して日本中に広めていった働きを評価しなければならない。

また、観音菩薩の場合ほどはなはだしくはなかったが、後には『不動経』（正式には『聖無動尊大威怒王秘密陀羅尼経』）などの疑経にあたるものも撰述された。加えて、十三仏思想が成立した結果、不動明王が死者廻向、それも新仏の初七日忌の本尊に取り上げられ、追善供養の性格を付加されていったのも、この時代から室町時代にかけてであろう。

江戸時代以降は、関東の成田山の華々しい発展が大きな力となって、不動明王は、現世にいろいろな御利益を与えてくれる力強いほとけとして、「密教」の枠を越えてさらに多くの人々の中に溶け込んでゆくのである。もっとも、「護摩」と最後まで不可分の関係にある点は、やはり「密教のほとけ」といえよう。

十九種の図像的特徴

次に天台宗の碩学安然《せきがくあんねん》や真言宗の淳祐《しゅんにゅう》らによって確立された不動明王の姿における十九種の図像的特徴、すなわち世にいう「十九観」について詳しく検討してゆきたいと思う。

(1)大日如来の化身であること。

この尊、すなわち不動明王は、大日如来の化身であるという。このことは、本尊の大日如来がより多くの人々を具体的に救済するために、卑しい使い走りの姿を表していることを示す。

(2)真言中に阿《あ》・路《ろ》・唅《かん》・舎《まん》の四字があること。

不動明王の真言（明ともいう）の中に、阿《あ》（a）、路《ろ》（ro）、唅《かん》（hāṃ）、舎《まん》（māṃ）の四字があると説く。このうち、最後の二つの梵字は、通常不動明王の種字《しゅじ》（尊格を象徴する梵字）といわれる二種の字で、現に不動明王の最も代表的な真言である慈救呪《じくじゅ》の末尾に説かれるものである。

(3)常に火生三昧《かしょうざんまい》に住していること。

火生三昧という言葉を表面的に解釈すると、「火の中に生じる境地」ということになりそうであるが、教義的には必ずしもそうではなく、不空訳の『念誦秘密法』巻上に、「不動は、また自身に遍く火炎光を出す。すなわち、これ本尊みずから火生三昧に住むなり」とあることを考慮すると、不動自体が火を生じ、迷いの障りを焼く知恵の火になって三昧《さんまい》（瞑想の境地）に住することを意味していたようである。

(4)童子の姿を現し、その身容が卑しく、肥満であること。

不動明王が童子の姿をとることは、その起源が如来の使い走りをする童子にあることに由来すると思われる。その童子が肥満形であるのは、インドでの子供の理想的な姿であったのだろう。

(5)頭頂に七莎髻《しゃけい》があること。

不動明王の図像的特色が固定してくると、多くの不動明王は、頭の髪の毛の上に、七つの髻《もとどり》をつけるようになる。教学的には、この七つの莎髻（一種の浜菅《はますげ》）は、悟りに到達するための七つの方法である七覚支《しちかくし》（七菩提分ともいう）を示すと伝えられている。

(6)左に一弁髪《べんぱつ》を垂らすこと。

弁髪とは、髪を一筋に編んで垂らすことであるが、昔の中国（たとえば清朝など）でよく用いられた髪型である。不動明王の像は、必ずといってよいほど左側

（本尊から見て）に垂らすが、これは左が慈悲を象徴するからだといわれている。

(7)額に水波《すいは》のような皺《しわ》のあること。

不動明王は、原則として、しかめ面をしている。とくに額に皺を寄せている模様を、昔の人は水上の波にたとえて「水波」と呼んでいる。

このしかめ面は、起源的にはインドの奴隷階級の苦しみを表したものであるという説もあるが、何でも精神化したり、象徴化するのが好きな日本仏教では、六道《りくどう》世界に輪廻する衆生を哀れんで額に皺を寄せるのであるというように、婉曲化《えんきょくか》されている。

(8)左の眼を閉じ、右の眼を開くこと。

日本で作られた不動明王像でも、東寺講堂の木造坐像や、東寺・醍醐寺に伝わる『仁王経五方諸尊図《にんのうきょうごほうしょそんず》』中の白描不動明王図では、両眼を見開いている。つまり、比較的初期の不動明王像では、眼は普通の姿で表現されていたが、十九観では、『大日経』に説く「一目諦観《いちもくたいかん》」という言葉を敷衍《ふえん》して、左眼は閉じるか、もしくは細くし（眇《びょう》）、右眼を開けて表現するようになった。これについて、十九観系の資料では、左眼をとくに閉じるのは、低劣な教えである左道《さどう》に陥るのを防ぐためであると説明している。

⑼下の歯で右上の唇を咬み、左下の唇の外へ出すこと。

上下の歯と唇を咬み違えるこの独特のポーズは、不動明王の姿の一つとしてよく知られている。教学的説明によれば、これは、われわれに害をなす魔性のものを恐れさすためと説かれている。

⑽口を固く閉じること。

不動明王が口を閉じることは、必ずしも経典には詳しく説かれていないが、やはり言うことを聞かないものを教化するには、口を閉じ結んで威嚇の姿を表した方がいいのは当然である。もっとも、深秘釈《じんぴしゃく》といって、教義的な解釈では、あえて不動明王が口をつぐむのは、無駄な空理空論を排除して、真の瞑想体験を勧めたものといわれている。

⑾右手に剣をとること。

不動明王が剣と羂索《けんじゃく》を持つことは、密教史の上でもほぼ一定しており、この二つが不動明王のシンボルである三昧耶形《さんまやぎょう》になっている。とくに、貪《とん》（むさぼり）、瞋《じん》（いかり）、痴《ち》（おろかさ）の三毒の煩悩を打ち滅ぼす刀剣は、知恵の利剣（するどい刀）ともいわれている。この利剣は、原則として右手に持たれている。

⑿左手に羂索を持つこと。

右手の利剣と一対になるのが、左手の羂索である。これは、鳥や獣を捕獲する一種の投げ縄であって、インドでは、不動明王のほかに、水天（ヴァルナ）や不空羂索観音（アモーガパーシャ）の持物としてよく知られている。この縄が、目に見える悪しきものや見えない煩悩を縛り上げるものであることは容易に理解できる。

⒀行者の残食を食べること。

これは、図像的表現ではないが、古来、不動明王は密教行者が残した食べものをすべて食べ尽くしてくれるといわれている。これは、われわれがなかなか捨て去ることのできない根本的な迷いを、代りに減らしてくれることを意味しているのである。

⒁大盤石《だいばんじゃく》の上に安坐すること。

不動明王の像は、立っている立像を除くと、大部分が岩座《いわざ》か、もしくは瑟々座《しつしつざ》と呼ばれるレンガ状の石材を組み合わせたような台座の上に坐している。教学的には、不動明王のこの姿を、「諸々の障りを鎮め、悟りを求める心（菩提心《ぼだいしん》）を動かさないこと」と説明している。いずれにしても、不動明王の基礎イメージに須弥山《しゅみせん》に象徴される山の神の姿があったと考えることも不可能ではない。

⒂色が醜く、青黒であること。

不動明王の身色を青黒とすることは、日本では必ずしも決定的な意味を持ってはいないが、その故郷インドでは、忿怒の神々はおおむね青黒（クリシュナ＝kṛṣṇa）色で表現されるので、その名残をとどめているのだろう。

⒃奮迅《ふんじん》して忿怒であること。

「奮迅」という言葉は、現在では「獅子奮迅《ししふんじん》」という用語くらいしか身近に残っていないが、要するに「猛々《たけだけ》しいこと」を意味している。つまり、力を表す不動明王は、やはりなよなよした優男《やさおとこ》ではいけない。この点、慈悲のほとけ観音菩薩とはまさに好対照といえるだろう。

⑰光背に迦楼羅炎《かるらえん》があること。

迦楼羅炎とは、不動明王関係の経典の中でも遅い成立と思われる『聖無動尊安鎮家国等法《しょうむどうそんあんちんかこくとうほう》』に、「その炎、多く迦楼羅の状をなす」とあるように、不動明王の背後に生じている火炎が、まるで神話の鳥迦楼羅が羽を広げたような姿をしていることを言ったものである。迦楼羅とは、梵語ガルダ（Garuḍa）の音写で、金翅鳥《こんじちょう》ともいわれ、インドの有名な神ヴィシュヌ神の乗り物でもある。

この鳥は美しく、しかも大きな鳥であるとともに蛇族の天敵でもあり、多くの蛇（龍）族を常食にしている。つまり、不動明王の背後で燃えさかる知恵の火は、あたかも金翅鳥のように煩悩の蛇達を食べつくしてしまうのである。

⑱倶利迦《くりか》（羅《ら》）龍《りゅう》が剣にまつわりついていること。

初期の不動明王は、ただ抜身の剣を右手に持つだけであったが、十九観が定着してくるようになると、その刀剣に龍王がしっかりとまつわりつくようになる。この龍を倶利迦羅龍というが、これについては後節に譲りたい。

⒆二童子が侍していること。

不動明王の像では、その左右、もしくは一方に矜羯羅《こんがら》と制吒迦《せいたか》の二人の童子が脇侍《きょうじ》としてしたがうことが多い。この二童子に関しては、別に項を改めてみたい。

以上が、確立された不動明王の十九観であり、中世以後は大部分の不動明王の像がこれに則って表現されるようになったのである。

不動明王の使者

不動明王は、その原義が如来の召し使いであったため、使い走りとして最適な少年の姿をとっていたことは、すでに触れた。ところが、不動明王そのものが非常に重視されるにしたがって、今度はその働きを補強する従者が要請されてくるのはまさに当然の勢いであろう。その場合、本尊が元来、少年の姿をしていたので、逆に大人の従者を設けるわけにはゆかない。そのため、後に不動明王を取り囲む多くの

不動三尊像（兵庫善光寺）

種類の従者グループが誕生したが、その大部分は童子の姿をとっている。

このことは、一段下って中尊の不動明王を守護するという意味のほかに、中尊の働きを分掌して補佐する役割の強かったことを如実に示している。如来の脇侍が、原則として菩薩であったことと比較して、童子形の要素が強い不動明王と文殊菩薩が、その眷属《けんぞく》に同様の童子を配置することは、一つの興味深い現象といえる。次に、いくつかある不動明王の使者パターンの中でも最もなじみの深い矜羯羅《こんがら》と制吒迦《せいたか》の二童子を取り上げてみたい。

まず矜羯羅童子は、矜羯羅、矜迦羅、緊迦羅、緊羯羅などと様々の漢字に写されるが、これらはすべてサンスクリット語の「キンカラ（kiṃkara）」を音写したものである。この言葉の意味は、「何をしようか」ということであるが、それから派生して、命令を聞く「奴僕《ぬぼく》、従者」という意味の普通名詞となった。不動明王自体が、如来のいいつけを承わる奴僕であったが、今度はさらに下請けともいうべき従者が必要となるのである。

日本の不動明王では、彫刻にしても、絵画にしても二大童子を連れることが多く、その場合、矜羯羅童子は、原則として合掌し、その二本ずつの親指と人差し指の間に金剛杵を挟んでいる。また、二大童子が不動明王を中央にして、対称的な三尊形式を形成する場合は、本尊の左側に配されることが多い。

また、画像では、矜羯羅童子は、ほぼ例外なく、白色(もしくは肉色)で描かれ、赤色で表現されることの多い制吒迦童子と好対照をなしている。

一方の制吒迦童子も、漢字では制吒迦、制多迦などと書かれるが、これもサンスクリット語の「チェータカ(Ceṭaka)」の発音を写そうとしたものである。このチェータカという語も、やはり「キンカラ」の場合と同様に、「奴隷」とか、「従僕」の意味を持っている。またヒンドゥー教の文献では、災いをなす悪鬼の一種の意味もある。この点ではキンカラの場合と類似している。

要するに、矜羯羅も制吒迦も、現在われわれが想像するような単なる子供ではなくて、あくまで上位の者に奉仕して、その命令のままに働く奴僕であったわけで、両童子の名称にはそういう事情が正確に反映されているのである。

倶利迦羅剣とは

不動明王が右手に持つ刀剣は、様々の邪悪なものや煩悩を打ち破る利剣である。高雄神護寺のいわゆる高雄マンダラや『仁王経五方諸尊図』など初期の不動明王像では、この刀剣は鋭い刃を両端に持った刀であったが、後世の不動明王の像（とくに画像）になると、その刃に龍がまつわりつく姿が好んで描かれるようになった。こういう刀剣を、とくに倶利迦羅剣《くりからけん》と呼んでいる。

その名称のいわれは、刀をとりまく龍が、倶利迦羅龍《くりからりゅう》と呼ばれることに起因している。倶利迦羅（kulika）龍王は、龍王、すなわち蛇族の王の一人で、俗説では、発音の類似から、蛇の力を示すクンダリ（kuṇḍali）、つまり軍荼利《ぐんだり》明王とも関係を持つと言われることもある。

また、『仏説倶利迦羅大勝外道伏陀羅尼経《ぶつせつくりからたいしょうげどうふくだらにきょう》』では、次のような話が説かれている。

昔、仏教の代表者不動明王が九十五種の外道（異教徒）と論争した時に、不動が智火《ちか》の剣に姿を変えたとたん、外道の者も対抗して智火剣に変身した。そこで不動明王は恐ろしい龍の姿をした倶利迦羅龍に化けて、相手の剣を四つの手足で押えつけ、呑み込もうとして相手を屈服させたという。

このことが直接のヒントになって、不動明王の利剣には、高野山の明王院《みようおういん》の赤不動に見られるように、倶利迦羅龍が巻きつくことになり、最終的には、こうした倶利迦羅剣が不動明王の象徴の一つに数え上げられるようになるのである。

美術名品三不動像

数ある不動明王の美術品の中でも特筆すべきは、いずれも絹本著色《けんぽんちやくしよく》の画像として描かれた以下の三種の不動明王像である。

(1)絹本著色不動明王像（黄不動）　滋賀　園城寺蔵
(2)絹本著色不動明王像（赤不動）　和歌山　明王院蔵
(3)絹本著色不動明王像（青不動）　京都　青蓮院蔵

これらの三不動は、図像的に見ても、様式的に見ても興味深い特徴を持っているので、各像に関して簡単に紹介しておきたい。

(1)黄不動図

滋賀県大津市の名刹園城寺《おんじょうじ》（三井寺）に原本が保存されている不動明王画像は、その身体が薄黄色に塗られているため、古来黄不動、黄不動尊図と呼ばれ、人々に親しまれている。この画像は、天台宗の学僧智証《ちしょう》大師円珍《えんちん》ゆかりの像と伝えられている。

少し長文であるが、延喜二年（九〇二）に円珍の知友三《み》善清行《よしきよゆき》によって著された『天台宗延暦寺座主円珍伝』から不動明王感得の個所を抄出してみよう。

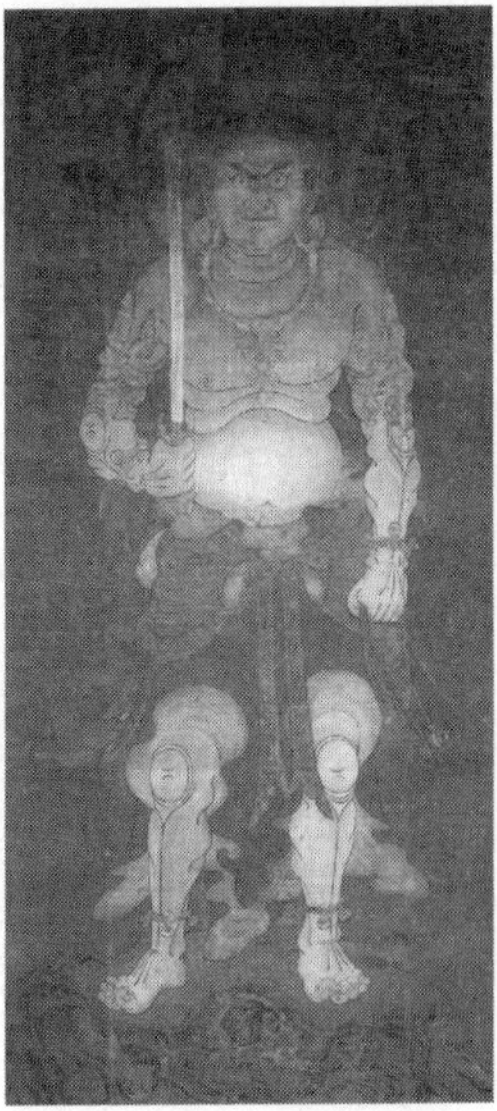
黄不動図（京都曼殊院）

承和五年（八三八）の冬月、和尚、昼に石龕《せきがん》に坐禅するの間なり。たちまちに金人《きんじん》あり。形を現していう。汝まさに図画成形して慇懃《いんぎん》に帰仰すべし。和尚問うていわく、この化来の人はまさにもって誰となすか。金人答えていわく、我はこれ金色の不動明王なり。我、法器《ほうき》(仏教を行う人)を愛念するがゆえに、常に汝の身を擁護す。すべからく早く三密の微奥を究め、衆生の舟航となるべし。ここにその形を熟見するに、魁偉《かいい》奇妙にして威光熾盛《しじょう》なり。手に刀剣をとり、足、虚空を踏む。ここにおいて和尚、頂礼《ちょうらい》して意にこれを存す。すなわち画工をしてその像を図写せしむ。像は今なおこれあり。

要約すると、円珍が坐禅中に金色の不動明王を感得し、後にそれを画師に描かせたという。この不動明王像は、図像的に見て、それまでの経軌に説かれる不動明王像、あるいは空海関係の不動明王像と比較してかなり異なる諸点を有している。

まず、金色という色の明記があったことは、経軌に説く青黒色や赤色とは異なって、釈迦等の仏像本来の身色である。

第二に、従来の、とくに古様を残す不動明王は、原義にあたる童子形のイメージが強く、身体表現も肥満、肥盛の肉体表現をとることが多かったが、この黄不動図は、『円珍伝』に、「魁偉《かいい》奇妙《きみょう》」という言葉があるように、実に筋骨隆々として、成年男子の感が強い。これも、行者を守護するには、少年童子の姿よりも、さらに力強い容姿が好まれたことによるものかも知れない。

第三に、経軌に説かれる不動明王は、必ずといってよいほど「大盤石《だいばんじゃく》」を意味する岩座か、それを象徴した瑟々座《しつしつざ》という特別な台座に坐していたが、黄不動図は、『円珍伝』に「足、虚空を踏む」とあるように、空中に湧現した態に表現されている。神秘的感得を表すにはこのほうがはるかに適しているため、原本と思われる園城寺本ではそのとおり忠実に表されているが、通例とは合わないので、京都曼殊院や滋賀観音寺などの転写本では岩座を設けている。

なお、黄不動図は、円珍の個人的信仰もあって、後世、天台宗を中心に画像、彫像をあわせて数多くの模写、模刻が作られた。原本と同じく国宝に指定されている京都曼殊院本のほか、滋賀の観音寺本（重文）、茨城北斗寺本（県指定）などの画像、さらには滋賀園城寺（重文）、京都神童寺（重文）などに立像彫刻が残されている。

(2)赤不動図

赤不動という名で人々に親しまれている和歌山高野山明王院蔵の絹本著色不動明王像は、独特の赤い身色が特徴的である。

寺伝によると、円珍が叡山横川《よかわ》の葛河の滝で感見したものを描いたといわれ、後

赤不動図（和歌山明王院）

醍醐天皇の尊信も篤かったと伝えられている。けれども、この円珍感得のことに関しては、黄不動図のような確とした文献もなく、伝説の域を出ないといえよう。

　この絵は、右足を踏み下し、岩上に斜め向きに坐った不動明王が、激しく燃え上がる火炎を背にして画面の上半部を蔽《おお》うように描かれている。本尊の下方には、右下隅に二童子が重ねて描かれ、左画面に描かれる龍の巻きついた大きな剣や踏み下した足などと均衡ある構成をなし、絵画的構成の巧みさを表現している。

　このように、脇侍の二童子を片方に寄せて配することは、石山寺蔵の白描の無動三尊像などにも見受けられるが、絵画表現が次第に自由になってきた時代的風潮と無関係ではなかろう。

　なお、赤不動図の制作年代については異論が少なくないが、故佐和隆研博士は、同図を、白描の不動明王画像を遺《のこ》している仏画師良秀《りようしゆう》と飛鳥寺玄朝《げんちよう》の二人の中間くらいに位置する頃の作とし、美術史でいう貞観時代の作品と推定している（鎌倉時代まで下す説もある）。

(3)青不動図

三不動の中では最も知られているのが、京都青蓮院蔵の絹本著色不動明王像（国宝）である。絵画的技巧の点からいえば、同図は不動明王図の中でも最も巧緻なものに属し、その優麗な色彩と描線は、藤原時代仏画の特徴を示している。

画面構成に目をやると、紺青色の肉身をもつ本尊が、その顔をやや斜めに向けて屹立する岩上に坐し、その左右前方には、矜羯羅と制吒迦の二童子が各々内に向かって侍立している。これは典型的な三尊形式の構図配置である。

同不動図の特色の一つは、火炎の燃えさかる激しさの描写である。また、不動明王の背後に、朱・丹・墨の三色をもって明暗の対比を描きわけた火炎に迦楼羅《かるら》（金翅鳥）の姿を表したいわゆる迦楼羅炎が巧みに描き出されていることなどにも、成熟の度を加えた藤原仏画の一つの好例を見ることができる。

磨崖不動明王像（富山日石寺）

ともあれ、黄・赤・青の三色に象徴された三不動は、いずれも日本の仏教美術の上でも看過できない名品であるとともに、時代の変遷を如実に反映している点でも貴重な資料といわねばならない。

不動明王の石仏

路傍のほとけ石仏は、われわれ日本人の郷愁を誘う何かを持っている。そこには、彫像や画像の名品にはない民衆の肌の温もりが伝わってくる。

石仏の王者は、何といっても「村外れのお地蔵さん」、「町内地蔵盆のお地蔵さん」、「交通安全のお地蔵さん」などの言葉があまねく知られているように、地蔵菩薩である。これに次ぐのが、やはり庶民のほとけである不動明王と観音菩薩である。ここでは、不動明王の石仏のなかで、よく知られている二、三の例を紹介しておきたい。

その第一は、富山県日石寺の磨崖石仏である。山腹に露出した凝灰岩の大岩面に、不動（中央）、矜羯羅（右）、制吒迦（左）の三尊像を浮き彫りしている。不動は三メートルを、二童子は二メートルをそれぞれ超す巨像で、大きく、荒々しいタッチで彫られているものの、見るものにせまる迫力がある。専門家は、不動明王と矜羯羅童子を平安時代後期の、制吒迦童子を鎌倉時代の制作と考えている。

石仏の里は、全国にかなり存在しているが、九州の大分県はその中でもとくに名が通っている。とりわけ、国東《くにさき》半島とその隣接地域は、中世から知られた石仏の宝庫である。

いま、不動明王像に限っていえば、

⑴不動明王立像（磨崖彩色）（国指定史跡）　豊後大野市　宮迫東
⑵不動明王坐像（磨崖）　豊後大野市　緒方町軸丸
⑶不動明王及二童子像（磨崖）　臼杵市　門前
⑷不動明王立像（磨崖）（県指定史跡）　豊後高田市　黒土

(5)不動明王及二童子像（磨崖彩色）（県指定史跡）　九重町　瑞巌寺
(6)不動明王及二童子像（磨崖）（重文）　豊後高田市　熊野権現社
(7)不動明王及矜羯羅童子像（磨崖）（国指定史跡）　豊後高田市　元宮八幡神社
(8)不動明王及二童子像（磨崖）　豊後大野市　普光寺
(9)不動明王及二童子像（磨崖彩色）（国指定史跡）　豊後大野市　犬飼町田原
(10)不動明王及二童子像（磨崖）（県指定史跡）　宇佐市　安心院《あじむ》町楢本《まちならもと》

などの石仏が知られている。
個々の例に関しては、省略せざるをえないが、大部分が平安時代後期から鎌倉時代にかけて制作されたもので、破損も相当進んでいるが、素朴な中にも雄偉さの残った不動明王像が少なくない。

八大明王

五大明王ほど流行しなかったが、八大明王というグループを説く経典がある。それは、唐の達磨《だるま》栖那《せいな》（法軍《ほうぐん》）という人によって訳出された『大妙金剛大甘露軍拏利《だいみようこんごうだいかんろぐんだり》焰鬘熾盛仏頂経《えんまんしじようぶつちようきよう》』（略称『大妙金剛経《だいみようこんごうきよう》』）である。

この経典には、以下の八種の明王が説かれているが、これは先述の八大菩薩との関連から生じたものと思われる。

降三世《ごうざんぜ》明王　　金剛手菩薩
大威徳《だいいとく》明王　　文殊菩薩
大笑《たいしょう》（軍荼利）明王　　虚空蔵菩薩
大輪《たいりん》明王　　弥勒菩薩
馬頭《ばとう》明王　　観音菩薩
無能勝《むのうしょう》明王　　地蔵菩薩
不動明王　　除蓋障《じょがいしょう》菩薩
歩擲《ぶちやく》明王　　普賢菩薩

この八大明王は、先述の五大明王とは系統の違うものと思われるが、そのうちの不動・降三世・大威徳・大笑《たいしょう》（軍荼利）の四体は共通している。五大明王の最後の金剛夜叉明王が見られないのは、この明王だけが金剛界十六大菩薩中の金剛薬叉菩薩の影響を受けているのではないかという推論を補強するものといえるかも知れない。

八大明王のグループは、現在のところ、インドにはその資料を見出せないが、インドで大流行の十忿怒尊と関連のある可能性は否定できない。中国でも、五大明王ほど普及したとは思われないが、それでも、宋代の美術史のことを論じた『宣和画譜《せんなが ふ》』には、金華寺の大殿に張南本《ちょうなんほん》の描いた八大明王図の火炎を見て、老僧が火事と間違えて気絶したエピソードが収められている。

なお、わが国の八大明王に関する美術作品はあまり多くないが、著名なものとしては、醍醐寺蔵の八大明王図像（重文）をあげることができる。同図は、保安元年（一一二〇）の奥書きを持っており、上記の八大明王の白描図《はくびょうず》である。とくに大輪明王などはほかに図例があまりなく、貴重な資料といえる。

後期密教の不動明王

最後に、日本には伝わらなかった後期密教系の不動明王について少しだけ触れておきたい。

先にも関説したように、日本で大流行したのは、『大日経』をはじめとする中期密教の不動明王である。それゆえ、後に五大明王の隆盛に影響されて忿怒・降伏の特色の強い不動明王が多くなってゆくが、そもそもの出発点が如来の使い走りをする童子だったので、日本の不動にはやはりどことなくほほえましい感じが残っている。

ところが、インドやチベットで主流を占めた後期密教の不動明王では、もはや「使者」、「童子」の要素は完全に消え去り、「忿怒王」の姿こそが強調されている。そのため、日本の不動明王の図像的特色であった童子形、弁髪《べんぱつ》、莎髻《しゃけい》、水波《すいは》（眉をしかめること）などの要素がすべて消滅し、それにかわって、怒髪《どはつ》、青色身色、虎皮裙《こひくん》（虎皮の下着）、第三眼などの忿怒尊特有の姿が目立ってくる。

もう少し厳密にいうと、後期密教の不動明王は、

(1)アチャラ（十忿怒尊の一つ）
(2)チャンダマハーローシャナ

の二種に分かれる。

このうち、中国・日本の五大明王に匹敵するインド・チベットの十忿怒尊は、大部分が三面六臂の恐ろしい形像をしており、不動といえども例外ではない。

チャンダマハーローシャナ像（ヴィクラマシーラ寺院趾出土）

一方のチャンダマハーローシャナ（Caṇḍamahāroṣaṇa）尊は、日本の不動明王の真言の中にも認められるほどで（センダマカロシャナ）、起源としてはかなり古いものである。ただ、現実に石像や絵画に表現される図像を見ると、一面二臂の標準的な姿で、右手に刀剣、左手に羂索を持つのは日本と同じであるけれども、左脚（時には右脚）を地面に着けて、一種蹴り上げるポーズをしているのが特徴となっている。

ここでは、インド仏教最後の拠点であったヴィクラマシーラ寺院趾から出土した珍しい石像の不動明王（チャンダマハーローシャナ）像の写真を紹介しておきたい。

破邪のほとけ不動明王の利益

不動明王の霊験と利益

観音と地蔵の二菩薩については、その霊験・利益を説く独自の説話集が、中国、そして日本においてかなりの点数編纂《へんさん》されている。ところが、観音・地蔵の二尊と人気を分け合っている不動明王は、中国はおろか、流行の地日本でも霊験説話集は極端に少ない。中国については、不動明王信仰の母胎となるべき中国密教、とくに典拠にあたる『大日経』の流行が、玄宗の開元《かいげん》年間（七一三―七四一）から、武宗の会昌《かいしょう》の法難（八四二―八四五）までに至るわずか百余年に限られたため、皇帝・貴族・軍閥など一部の貴紳《きしん》の支持はあったものの、長安の庶民たちが不動明王の像や絵に直接触れる機会はほとんどなかったはずである。それゆえ、不動明王の霊験集などは、とても成立する余裕はなかったと思われる。

一方、日本では、不動明王は観音菩薩・地蔵菩薩に後れをとったとはいえ、空海

泣不動縁起絵巻（奈良国立博物館）

によって本格的に紹介されて以後、皇族・貴族層から一般の庶民の間へも広がった。後白河法皇の編と伝えられる平安時代の著名な歌集の『梁塵秘抄《りょうじんひしょう》』では、

不動明王恐ろしや、怒れる姿に剣を持ち、索を下げ、後に火炎燃え上がるとかやな、
前には悪魔寄せじとて降魔《がま》の相
般若経をば船として、法華経八巻を帆に上げて、軸《じく》をば檣《ほばしら》にや、夜叉《やしゃ》不動尊に梶《かじ》取らせ、迎へたまえや罪人を

とその信仰の模様を描写している。
不動明王は、空海以後、円珍《えんちん》・相応《そうおう》・

覚鑁《かくばん》・文覚《もんがく》などの密教僧をはじめ、後には一般大衆の中にも根を下していったのであるが、その一見恐ろしそうな容貌に影響されたためか、不動明王単独の霊験説話集はほとんど作られておらず、現存のものとしては、江戸時代の享保年間（一七一六―一七三六）三等《さんとう》によって撰集された『不動明王霊応記』がわずかに伝えられている程度である。また、観音菩薩や地蔵菩薩に多い縁起絵巻も、京都洛中の清浄華《しょうじょうけ》院《いん》（浄土宗）に伝えられている『泣不動縁起絵巻』（重文）、同じモチーフの『不動利益縁起絵巻』（東京国立博物館蔵）以外はあまり知られていない。

その原因は、観音・地蔵の二菩薩が、密教以前から絶大な尊信を得ていたのに対して、不動明王は密教に限られている尊格であるので、どちらかといえば、密教寺院の奥深くに奉安される傾向が強かったためと想像される。もちろん、九州の国東《くにさき》地方などでは、石造の不動明王像が相当制作されているが、出家主導型の密教に典型的なほとけであったために、一般の人々に接触する機会は、観音・地蔵の二尊にやや後れをとったものと思われる。

ともあれ、本章では、個別の不動明王信仰とそのエピソードを紹介し、不動明王信仰を支えた人々のエネルギーを探ってみたい。

相応と千日回峰行

初期の不動明王信仰者として忘れることができないのが、天台宗の相応僧正（八三一—九一八）である。相応は平安時代初めに中国に渡った入唐八家《にっとうはっけ》の一人円仁《えんにん》の弟子であったが、天台教学の研鑽《けんさん》よりもむしろ山籠《さんろう》修行の大行者として名を成している。とくに、貞観五年（八六三）、比叡山の東山麓に等身大の不動尊像を造立して無動寺《むどうじ》の礎を築いた。この場所を、現在でも無動寺谷《むどうじだに》と呼んでいる。

この相応僧正が熱心な不動尊信者であったことは、『宇治拾遺物語《うじしゅういものがたり》』の「相応和尚都卒天《そうおうわしょうとそってん》にのぼる事」という話から十分にうかがい知られる。

今は昔、比叡山の無動寺に相応という僧がいた。彼は葛川《かつらがわ》の三滝で荒行をしていたが、ある時、信仰している不動尊に、「私を背負って、都卒天《とそってん》にいる弥勒菩薩のところへ連れて行ってください」という願をかけた。その願いがかなって、不動尊が都卒天まで連れて行ってくれたが、内院の額に書かれていた『妙法蓮華経《みょうほうれんげきょう》』の文章を暗誦していなかったばかりに立ち入りを認められず、泣く泣く帰ってきたのである。

しかし、その後勉学に励み、最後にはやっと本意がかなったということである。

よく言われているように、この相応僧正こそが、現在でも天台宗の中で最高の難行とされている千日回峰行《せんにちかいほうぎょう》の創始者と考えられており、現に回峰行では不動明王の真言を唱え、『不動立印儀軌《ふどうりゅういんぎき》』の秘法を修することが基本となっているのである。

覚鑁と不動明王

新義真言宗を開いた興教《こうぎょう》大師覚鑁《かくばん》（一〇九五―一一四三）と不動明王の関係を説く話は少なくない。その中でも最もよく知られているのが、和歌山の根来寺《ねごろじ》のきりもみ不動の話である。

覚鑁は、学徳、行動力ともすぐれた真言僧であったが、高野山に大伝法院《だいでんぽういん》と密厳院《みつごんいん》という坊舎を建てて独自の活動を始めたところ、旧体制派の金剛峯寺側の激しい弾圧を受けた。そこで失意の覚鑁が新拠点の根来寺に移って千日無言の行に入っていたところへ、金剛峯寺側の僧徒が妨害にやってきた。そして、彼らが覚鑁の行をしている入定所へ入ってみると、不動明王の御像が二体あるではないか。そこで一人の悪僧が、二体の尊像の膝に矢の根尻をもみ込むと、両方とも鮮血がほとばしったという。そのうち一体は、不動明王に化身していた覚鑁上人であり、もう一体は御本尊の不動明王像だったのである。世にこれを「きりもみ不動尊」と呼び、われわれの苦しみの身代りをしてくださるほとけとして広く信仰を集めている。

文覚上人と不動明王

京都の高雄神護寺を復興した文覚《もんがく》上人（一二〇〇年頃）は、波乱に富んだ生涯を送っている。彼は、遠藤持遠《えんどうもちとお》の子で、盛遠《もりとお》といったが、幼くして父母を無くして、春木道善の養子となった。盛遠は立派な体格で武芸にも秀でており、上西門院《じょうさいもんいん》の北面の武士を勤めていた。十八歳の時、源渡《みなもとのわたる》の妻袈裟御前《けさごぜん》に横恋慕《よこれんぼ》し、その夫を亡き物にせんとその寝所に忍び込んだ。ところが、何という運命のいたずらか、盛遠の気持を察した袈裟御前が、夫の身代りとなって伏していたため、盛遠は愛する人を自らの手で殺してしまったのである。

袈裟御前殺害を悔悟した遠藤盛遠は、出家して名を文覚と改め、荒行・苦行に励んだ。とくに、厳寒の熊野那智の滝で水行に耐えたが、あまりの荒行のために、ある時、気絶し、まさに命を失う寸前に至った。そこへ、かわいらしい二人の童子が現れ、文覚を引き上げて蘇らせたのである。

文覚が、「助けていただいたのはどなたであるか」と尋ねると、「わたしは不動明王のお使いで、矜羯羅《こんがら》・制吒迦《せいたか》という二童子である。不動明王が文覚の荒行に感銘を受け、『行って助けてやれ』とおっしゃられたのでやってきた」と答えた。これに感動した文覚は、大いに力を得て、見事、二十一日間の大願を成し遂げたという。

文覚の荒行とそれを助けた不動明王の霊験話は、『平家物語』巻五に記されるとともに、中世以後、人々に語りつがれ、歌舞伎で上演されたり、浮世絵に描かれた。また、不動尊霊場に掲げられる絵馬の画題に好んで取り上げられた。

文覚は、その後真言宗の高僧となり、東寺の長者などを歴任。源頼朝の助力もあって荒廃していた高雄の神護寺を中興したが、その剛毅な性格から、あまりにも頼朝や後白河法皇などの為政者と関連を持ちすぎたため、伊豆や佐渡に配流され、波乱のうちに年寿・寂年不明の生涯を終えた。

なお、村岡空《むらおかくう》氏の見解によると、仮死状態になって不動明王に救われるというこの説話は、真言宗等の密教で行う引導作法の象徴的な一例ではないかと推測できるという。

良秀のよじり不動

不動明王の霊験というよりは、不動明王像の背後に燃えさかる炎のものすごさを示すエピソードとしてここに取り上げたのが、有名な「良秀《りょうしゅう》のよじり不動」である。この話は、平安時代の代表的説話集である『今昔物語』や『宇治拾遺物語』などに記されている。いま『宇治拾遺物語』を取り上げて、現代文に直してみると次のようになる。

三八　絵仏師良秀が家の焼けるのを見てよろこぶこと

今は昔、仏画師の良秀というものがいた。ある日、隣家から出火して、風にあおられて燃え移ったので、逃げて大路に出た。人の注文を受けた仏画や裸のままの妻子も家の内に残したままで通りの向かい側に立った。見ると、火はすでにわが家に移っており、彼は煙や炎が燃えてくるさまを、そこからずっと眺めていたのである。知人たちが火事見舞いに来ても一向におかまいなく、わが家の燃えるのを見つめ、うなずきつつ、時々笑いながら、「ああ、くやしいことだ。日頃はまずく描いてきたものだ」とつぶやいていた。見舞いに来たものが、「どうしてそんなことをしているのか。もののけでもついたのか」というと、

「どうしてそんなことがあろうか。これまで不動明王の光背の火炎をまずく描いてきたが、今日、実物を見て初めて炎の描き方がわかった。仏画を生業とする以上、うまく描ければ、百千軒の家も建つわい」と言って笑ったという。

良秀筆と銘記のある白描の不動明王図像は、京都の醍醐寺に数点所蔵されているが、この物語に説くように、背中に燃えさかる炎はかなり写実的になってきている。不動明王図中の炎の表現は、これ以後、飛鳥寺の玄朝《げんちょう》によって一層洗練され、さらには装飾性も加味した青蓮院の青不動図へ展開していったが、写実性に苦心した良秀のよじり不動によって一つの転機を迎えたことは事実であろう。

不動明王と修験道

わが国の山岳宗教を代表する修験道は、独特の山伏姿とその在家的エネルギーでもって、地味ながら庶民宗教の重要な一翼を担っている。本来は素朴な山岳信仰から発達したものであり、全国各地の霊山を拠点に様々の儀礼や習慣に支えられていたのであるが、仏教、とくにその中でも汎神《はんしん》論的側面を積極的に肯定する密教の普及につれて、次第に密教の教義を導入していった。それとともに、組織化が進み、江戸時代の頃には、全国の修験関係の小宗派は、東密《とうみつ》（真言）系の当山派《とうざんは》（醍醐寺）と、台密《たいみつ》（天台）系の本山派《ほんざんは》（聖護院）の二派にほぼ統合されてしまっている。

修験道では、開基と目される役《えん》の行者《ぎょうじゃ》の尊像を祀ることがあるが、これに加えて、蔵王権現《ざおうごんげん》、不動明王、釈迦如来、薬師如来、弥勒菩薩などを重視する。中でも、実践面では不動明王が大きな役割を果たしている。山伏姿の修験行者が唱えるのは、不動明王の真言である慈救呪《じくしゅ》や火界呪《かかいしゅ》が多く、手に結ぶ印相も不動明王のものが中心である。

とくに、一般の人々から修験道の代表的行事と見られている柴燈《さいとう》護摩（本山派では採燈護摩と書く）では、まず決められた平地に五色の御幣を立てて、それに注連《しめ》縄《なわ》で結び、結界《けっかい》を作る。そして内部に大きな護摩木を井桁《いげた》に組んで幾層にも積み上げ、その上を杉や檜の葉で覆って、護摩をたくのである。この中央の護摩壇を不動尊に見立てて、左右に二童子にあたる小壇を付すこともある。

山伏問答や宝弓・宝剣という一種の魔除《まよ》けの作法ののち、いよいよ大祇師《だいぎし》（導師）、三祇師などによって点火され、柴燈護摩のクライマックスがくる。その間、山伏たちは、錫杖《しやくじょう》をうちふり、信者たちとともに不動明王の慈救呪や『般若心経』を早いテンポで唱えるのである。

護摩壇が燃え尽きると、「火渡り」の修法《しゅほう》が行われる。まだ火が燃え残っている壇の上を、まず山伏たちが不動の印を結び、慈救呪を唱えながら素足でわたる。その後を善男善女が御利益を得ようとして抜き足、差し足で進んでゆくのである。これは、火炎の中に坐す不動明王にちなんで火生三昧と称するのであるが、すべてを焼き尽くす火の力によってわが身の汚れや迷いを取り去り、新しく生まれかわる一種の擬死再生儀礼といえる。そして火と関連して不動明王がその本尊と考えられている点が、大変興味をひくところである。

ともあれ、柴燈護摩は護摩の一種であるため、護摩行の本尊代表と目される不動明王が修験道で重視されることは容易に納得される。さらに加えて、密教的な要素を数多く吸収した修験道では、観音、地蔵といった通例のほとけたちよりも、一層密教色の強い不動明王の方が、悪しきものを打ち破る破邪のエネルギーに適していたのではなかろうか。こうして修験道の中で不動明王が大いに尊崇されたことが、中世以降における不動明王の庶民信仰化に大きな影響を与えたものと考えられるのである。

不動明王と元寇

不動明王は、平安時代には、藤原氏をはじめとする貴族層の私的な祈願の本尊とされ、たとえば不動明王を本尊とし、五大明王をまとめて修法する五壇法《ごだんほう》などがよく用いられたという。その後、不動明王は一般大衆の間に急激に信仰が広まっていったが、一方では刀剣と羂索《けんじゃく》を持った力強い姿から、国全体を守るほとけとしても信望を集めた。その代表例が、わが国始まって以来の国難というべき蒙古襲来の際に祀られた不動明王である。

元寇といわれる文永《ぶんえい》の役（一二七四）、弘安《こうあん》の役（一二八一）では、わが国は、上は将軍・天皇から、下は一般庶民に至るまで一団となって外敵退散を祈願した。そのため、神、ほとけを問わず、あらゆる修法や祈禱《きとう》がなされたが、仏教側の代表は、太元帥《たいげんすい》明王法と不動明王法であったといわれている。

波切不動（和歌山南院）

その中でも不動明王祈禱の例としては、現在高野山の南院《なんいん》に安置されている通称波切不動明王立像があげられる。この不動明王立像は、空海がその師恵果和尚から与えられ、帰朝の途中、暴風雨にあった際に、空海の祈禱に応じてその姿を現し、波を切り開いて無事をえたという。美術史的に言っても、最近では同像の中国制作が提唱されている。

この波切不動が、はるばる九州まで移され、敵国降伏《ごうぶく》の祈禱に用いられた。そして、この効験あってか、蒙古《もうこ》（元）軍は大嵐によって壊滅し、波切不動は火炎光背のみを九州に残して再び高野山へ戻されたのである。

元寇の国難と密接な関連を示す美術作品としての不動明王の画像に、井上家旧蔵のいわゆる走《はし》り不動がある。この画像の不動明王は、剣をかついで不動明王が急ぎ駆けてゆく有様を描いている。動かないはずの「不動」が走ってゆくこと自体、逆説的な面白さがあるが、敵軍の襲来に不動明王が応援に駆けつけてゆく様子がなんとなくユーモアがあって興味深いと思われる。

不動信仰の一大拠点成田山

平安末期以降、不動明王の信仰は、全国津々浦々に及んでいったが、その中でも絶対に忘れることができないのが、千葉県成田市の成田山明王院神護新勝寺である。むしろ「成田のお不動さん」と呼んだほうが人々によく知られているようである。

とくに、交通安全の御祈禱は、成田山という言葉が代名詞になっている観があるのは、周知の事実である。

成田山の創建に関して、智山能化《ちさんのうけ》（管長）の覚眼《かくがん》の『当寺大縁起』（元禄十三年刊）では、京都広沢遍照寺の寛朝《かんちょう》僧正が、平将門調伏のため、高雄の神護寺護摩堂の本尊だった不動明王像を奉納して下総の成田の里まで下り、そこで調伏の護摩を修したのが同山の開創と伝えられている。

歴史的により正確なことは明らかでないが、いずれにしてもその後、十六世紀の頃になると、関東一円では成田山の不動尊の霊験が聞えていたことは間違いない。そして、江戸時代になると、深川の永代寺に出開帳が持たれることになり、それにつれて成田山の信仰が爆発的に広がっていった。

その中でも、成田不動を信仰したユニークな人物を二人紹介しておきたい。

まず第一は、江戸歌舞伎の名優であった初代市川団十郎（一六六〇―一七〇四）である。団十郎は、熱烈な不動尊信者で、不動尊に願をかけて長男の九蔵（二代目団十郎）を得たといい、そのためにますます不動尊の信仰を深め、自らが生身の不動尊を演じて大喝采を得た。その後の二代目以後も、いずれも不動尊信仰の念篤く、市川団十郎の屋号が成田屋であるのはここに起因している。

第二は、戦前は小学校の校庭に必ずその銅像があった二宮尊徳（一七八七―一八五六）である。彼は農政家としての卓越した手腕を持っていたのみならず、儒教のほか神道、仏教の長所を包含した合理的実践思想の持ち主であったが、主家の小田原藩から命じられた下野国の宇津氏の家政復興に行きづまった時、成田の旅館に放浪の末たどりつき、その後、新勝寺第八世住職照胤《しょういん》の指導を受け、二十一日間の断食修行を成満《じょうまん》するとともに、不動尊によって忍耐を教えられ、事業の成功に至ったといわれている。

いくら合理主義の好きな文化人や知識人であっても、行きづまった時や挫折した時に、われわれを導いてくれるのは、超越的な存在、あるいは人間の計らいを超えたほとけたちといってよいだろう。

ともあれ、あらゆる階層の人々からも篤く信奉されている成田山、いやそれに限らず各地の不動尊は、やはり庶民のほとけのナンバーワンといっても過言ではなかろう。

祐天上人の霊験

同じく成田山の不動明王の霊験をたたえる話として、江戸時代、芝増上寺の第三十六世となった祐天《ゆうてん》上人の逸話が知られている。

祐天上人は、奥州磐城郡の人、十二歳の時、江戸へ出て増上寺の明誉檀通《みょうよだんつう》和尚の弟子となったが、大変もの覚えが悪かったため、少しでも賢くなりたい一心から成田の不動尊に祈願し、二十一日間の断食修業を行った。ちょうど満願の日、空がにわかに震動雷鳴して、本尊不動明王が、左右の手に長短二種の利剣を握って姿を現し、「我は成田の不動明王である。日頃の汝の信心を知って姿を現したのである。汝の愚迷は前世の悪業によるものである。知恵を得ようと願うならば、この長短の二剣のうち、いずれかを呑んで臓腑の悪血を吐き出さねばならない」と告げたのである。

祐天は、心を決め、「短剣を呑んでも死に、長剣を呑んでも死にます。どうせ死ぬのなら長剣を呑ませていただきます」と申し上げたところ、不動明王は祐天の開けた口の中に長剣を突き通したので、彼はそのまま悶絶してしまった。

この事件を知った成田山の僧の御祈禱によって蘇生した祐天は、その後はすばらしい暗記力と知恵の力で前代未聞の名僧であると賞讃されたという。

ほぼ同じ内容の話は、やはり浄土宗の僧で、弘治元年（一五五五）増上寺の第九世となった道誉《どうよ》上人についても語りつがれている。

このように、頭脳明晰と不動明王の御利益が結びつくのは、不動明王の利剣が、煩悩の無明《むみよう》を断つことを象徴しているためと想像される。この点、あまり知的側面と関連を持たない観音菩薩や地蔵菩薩の信仰とはやや趣をかえているといえる。祐天上人の霊験話も江戸時代の人々に愛好されたと見え、成田山新勝寺をはじめ不動尊の寺で、奉納の絵馬の主題に取り上げられている。

不動の金しばり

最近余り見られなくなったが、歌舞伎や講談で「不動の金しばり」というクライマックスの場面があった。この言葉に対する正確な語源は定かではないが、次のような不動明王の霊験話が残っている。


江戸時代の初め、まだ江戸市中の治安が十分でなかった頃、歌舞伎者《かぶきもの》と称する浮浪の一団が徒党を組んで乱暴の限りを尽くしていた。

そこで幕府の大番頭《おおばんがしら》柴山孫作なる者が彼らを成敗しようとして努力したが、逆にだまし討ちに遭ってしまったのである。

そこで、ついに公儀も動き出し、犯人たちを捕えたが、首謀者の一人大鳥居逸兵衛（または大鳥逸平）なる者は、武蔵国の高幡《たかはた》に隠れていた。捕縛の追っ手たちは彼を取り囲んだが、剛の者であったために捕手に犠牲者が出るほどであった。

その時、追っ手の中に八王子横山宿の名主、長田作左衛門なるものがおり、彼が日頃信心している不動尊に祈願したところ、あら不思議、悪党の逸兵衛は身体がまったくしびれて身動きがとれず、やすやすと搦《から》め捕られたのである。これを見て、里の人々は、高幡不動の神力で不動の金しばりにあったと口々に語りあったという。

これとよく似た内容の伝説は、横浜市南区無量寺の鉄《かな》しばり不動にも伝えられている。同寺の不動明王の場合は、ある夜、忍び込んだ夜盗が、欲に目が眩《くら》んで不動明王像を盗み出そうとしたばかりに、手足がしびれて動けず、口から泡を出して悶絶してしまったという。後で住職が金しばりを解き、正気に戻させたが、夜盗の手足には縄できつくしばったような赤い跡がついていたという。

不動明王にこうした金しばりの説話が多いのは、一つには明王特有のボディガード的な性格があることに加えて、やはり左手に持っている羂索《けんじゃく》が、悪しきものを捕える武具の役割を果たしているために、よりスムーズにそういう発想が生じてきたものと考えられる。

不動明王と護摩

木片や供物を火炉に投じて、種々の願望の実現を願う護摩の修法は、元来、いずれの尊格をも本尊にすることができるものであったが、実際に本尊となるのは不動明王が圧倒的に多く、護摩といえば不動明王を対象とする不動護摩が思い浮かべられるほどである。

不動護摩にもいくつかの種類があり、密教の基本的修行体系である四度加行《しどけぎょう》に組み込まれている不動護摩、毎月二十八日の不動尊の縁日に修されるもののほかに、秘法といわれる八千枚護摩というものがある。

この秘法は、二十一日間（かつては百日間）毎日三回、不動尊を祀る通常の不動法を修して、不動の中心真言である慈救呪《じくじゅ》を計十万遍唱える。そして、最後の結願《けちがん》の日に一昼夜断食して八千枚の乳木《にゅうもく》（護摩木）を焼くのである。この修法の根拠は、空海の祖父師にあたる不空三蔵の訳出した『立印儀軌』に「八千枚を限りと為す」

と説かれている記述に依ったものと思われる。

また、同じ『立印儀軌』に「護摩十万遍」とさかんに説かれていることから、最近では十万枚護摩の難行を修する不動霊場が関西を中心に増えているように聞いている。

水かけ不動

高野山奥の院入口の三の橋のたもとに、通称水かけ地蔵と呼ばれる地蔵尊像（および十三仏像）が祀られており、参拝者は皆競って水をかけている。庶民が、諸願成就のため、尊像に水をかけるとともに、願をかけることは、よく見られる習俗である。もちろん、経典に典拠などはあろうはずはないが、そんなことは信仰の強弱に関係ない。

こうした「水かけ」が、同じ庶民のほとけである不動に適用されたのが、「水かけ不動」である。その例はさほど多くはないが、大阪・南の水かけ不動は、一世を風靡《ふうび》した藤島桓夫《ふじしまたけお》の流行歌「月の法善寺横町」の曲にのって、全国にその名を知られるようになったのである。

法善寺は、現在の大阪市中央区難波にあるが、創建縁起は不明である。もっとも、本尊の阿弥陀如来像が江戸時代の作とされていることなどから、徳川時代初期の創建かと思われる。

評判の水かけ不動は、もともと難波新地の有志が発起人となって、明治四十四年に寺内の一角に建立されたものである。法善寺自体は、盛り場の繁栄の余波を受けて縮小し、文字どおり、「横町のお不動さん」といった感じである。

その不動尊は、歌の流行とともに全国の水かけ不動の代表となり、朝夕、参詣人の絶え間がない。病気平癒・商売繁盛の御利益に加えて、歌詞にある「立身出世」を祈願する者も少なくないという。

身代り不動

数ある地蔵菩薩の霊験の中には代受苦《だいじゅく》というか、地蔵が苦難に呻吟する衆生《しゅじょう》の身代りになってその責めに耐えるという話が多い。不動明王の場合、地蔵菩薩ほどではないが、人々の身代りをした話が伝わっている。

その一つに、名古屋市中区裏門前町の曹洞宗万松寺の身代り不動明王がある。同寺は、天文九年（一五四〇）、織田信秀が織田家菩提寺として建立したが、嫡子信長が父の葬儀をここで挙行したのは有名な話である。慶長十五年（一六一〇）、名古屋城築城に際し、本町一丁目から現在の大須三丁目に移転した。

同寺に安置される不動明王は、石造の立像であり、年代は不明である。伝説によると、織田信長が越前よりの帰路、鉄砲によって狙撃された際、当寺の和尚が信長に与えた干餅に弾丸が当たって事なきをえたという。後に、加藤清正がその話を伝え聞いて「身代り不動明王」と命名したと伝えられ、現在でも篤く信仰を集めている。

関東では、川崎市高津区下作延《しもさくのべ》の大明王院の身代り不動が知られている。同寺の不動尊に関しては、成田山の不動信仰でも大きな役割を果たした祐天上人が関係しているのである。

すなわち、元禄年間（一六八八―一七〇四）、武蔵国荏原《えばら》郡に悪疫が流行した時、祐天上人が自らの護持していた不動尊を信仰するように庶民に教えを説いたところ、不思議にも悪疫は止み、土地の人々は助かったといわれる。このことを喜んだ人々が、霊験あらたかなる不動尊を祐天に乞い、堂宇を建立して尊信したのが初めという。

その後、排仏毀釈に遭い、一時民家に移されたが、当寺開山の喜泉上人に不思議の霊託があって、明治三十七年、成田山貫首照勤《しょうきん》僧正を導師として開眼供養を行い、現在の地に移っている。

北向き不動

北半球に興った仏教では、古来、寺院や尊像は、太陽の方角である南向きのものが中心で、それに西向き、東向きが続き、北向きの場合は、何か特別の理由があるケースが多かった。しかし、逆をいえば、それだけその威光が強大であるといわれる。

ここに紹介する北向き不動は、かつての都城京都において、とくに王城鎮護の役割を持った尊格である。つまり、不動明王の防衛的威力を首都の完全防備にあてたのである。これは、京都の北方にあって、やはり王城鎮護の尊といわれている鞍馬寺の毘沙門天と好対照をなすものであるといえよう。

現在、北向き不動明王を本尊とする寺は、次の三か寺が知られている。

(1)北向山《きたむきざん》不動院（伏見区竹田内畑町）

洛南にあった鳥羽離宮の一角に、大治《たいじ》五年（一一三〇）勅願によって創建せられ、興教大師覚鑁《かくばん》は勅を奉じて不動明王を彫刻し、これを王城守護のために北向きに安置したと伝えている。この不動尊は、秘仏とされているが、本堂の西北方に同形に模刻されたという北向きの不動明王石像があり、その前は柴燈護摩供の行場となっている。

(2)明王院不動寺（下京区松原通麩屋《ふや》町東入）

朱鳥年間（六八六）、道観の開創と伝えられ、俗に「松原不動」といわれている。弘法大師が自作の不動明王石像を安置し、王城鎮護のため経巻を納めたという「平安京四岩倉」の一つで、南岩倉といわれたと伝える。天暦年間（九四七―九五七）、鴨川の氾濫のため、堂舎はことごとく流没し、比叡山の苔莚によって再興された。豊臣秀吉は、ここから苔むした不動明王像を得て、一時、自分の住居聚楽第《じゅらくだい》に収めたが、夜毎霊光を放ったので、旧地に堂舎を営み、再びこれを奉安したと伝えられている。

(3)蓮光院《れんこう》（中京区姉小路通大宮西入）

開基は不明であるが、もと空海雨請いの地神泉苑《しんせんえん》の南門にあった不動尊を祀ったと伝えられている。これは、弘仁年間（八一〇―八二四）、弘法大師作といわれる赤色坐像の不動明王像である。

毎月二十八日には不動護摩供が、十一月二十八日には御火焚祭りとして柴燈護摩供が修せられる。

西の不動霊場滝谷不動

不動明王の霊場は、千葉に成田山新勝寺があるように、どちらかといえば、関東方面に名高いものが多い。関西の方がやや優勢の観音菩薩、地蔵菩薩の寺々とは対照的といえるかも知れない。

その中にあって、関西、とくに近畿地方では、南河内の滝谷《たきたに》不動が地味ながら多くの信者を擁している。

滝谷不動は、正式の寺の名称を、滝谷山明王寺と称し、真言宗智山派に属する。その場所は、富田林市彼方《おちかた》の南河内山系の山間の静寂の地にある。同寺は、弘仁十二年（八二一）、弘法大師が吉野龍泉寺参籠のみぎり、国家の安泰と万民の幸福を願って自ら不動明王像を刻み、今の地よりやや南の山腹に祀られたのを創建とするという。その後、二度の兵火にあい、現在の地に移された。

本尊は、美術的に素晴らしい不動三尊像で、寛治八年（一〇九四）の胎内銘を有し、重要文化財に指定されているが、それにもまして次のような話が伝えられている。

南北両朝の抗争が頂点を迎えていた正平十五年（一三六〇）、南河内に依っていた楠正儀《まさのり》（正成の三男）を攻めた足利義詮《よしあきら》（尊氏の三男、後の二代将軍）は、同寺の伽藍《がらん》を攻め焼いた。本尊は、危うく滝の下に難を逃れたが、いずこともなく現れた一人の盲僧が本尊を小堂に祀って安置したところ、この僧はたちまち晴眼となって、どこかへ立ち去ったという。

この盲僧こそは、弘法大師の化身であると世の人々は語り伝え、それ以後、「目のほとけさま」、あるいは「芽の出る不動さま」として多くの人々に信奉されている。

毎月二十八日の縁日には参拝者が多いが、とくに五月の大法会には、数百人の僧侶や修験者が集まって柴燈護摩が修され、数万人の信者で境内が埋まるのである。

最近の不動尊霊場

歴史の古い観音菩薩の霊場巡りに対して、地蔵菩薩と不動明王は、個別の信仰を集めた寺院というものはあっても、それらをいくつか集めて、霊場巡りを行う習慣はなかったようである。

ところで、近年における西国霊場巡りや、弘法大師ゆかりの四国八十八か所霊場巡りの爆発的人気に刺激されて、関東と関西で二つの新しい不動尊霊場巡りが組織された。

関東の場合を、「武相不動尊二十八札所」といい、昔の武蔵国と相模国、つまり現在の東京都と神奈川県にある不動明王を祀る寺を、不動明王の縁日にあたる二十八集めたものである。内容的に多少の出入りはあるが、実質的には、横浜市と川崎市が中心で、高幡不動などの三か寺が東京都に属している。交通の便に恵まれ、昭和四十四年四月の大開扉以来、参拝者によく親しまれている。

1　平間寺《へいけん》（川崎大師）　真言宗　川崎市川崎区大師町
2　大明王院　真言宗　川崎市高津区下作延
3　龍厳寺　天台宗　川崎市多摩区堰

4　明王院　真言宗　川崎市高津区諏訪
5　龍台寺　天台宗　川崎市高津区久本
6　能満寺　天台宗　川崎市高津区千年
7　興禅寺　天台宗　横浜市港北区高田町
8　金蔵《こんぞう》寺　天台宗　横浜市港北区日吉本町
9　西方寺　真言宗　横浜市港北区新羽町
10　福聚《ふくじゅ》院　真言宗　横浜市都筑《つづき》区池辺町
11　観音寺　真言宗　横浜市都筑区池辺町
12　東漸《とうぜん》寺　真言宗　横浜市都筑区佐江戸町
13　西光寺　真言宗　横浜市緑区鴨居
14　三会《さんね》寺　真言宗　横浜市港北区鳥山町
15　真福寺　真言宗　横浜市保土ヶ谷区和田
16　無量寺　真言宗　横浜市南区蒔田町
17　長松寺　真言宗　横浜市鶴見区駒岡
18　弘明《ぐみょう》寺　真言宗　横浜市南区弘明寺町
19　正泉寺　真言宗　横浜市鶴見区生麦

20東福寺　真言宗　横浜市鶴見区鶴見
21宝蔵院　真言宗　横浜市鶴見区馬場
22宝幢院《ほうどう》　真言宗　東京都大田区西六郷
23泉福寺　天台宗　川崎市宮前区馬絹
24円光寺　真言宗　横浜市緑区新治町
25正蔵院　真言宗　東京都大田区本羽田
26光明寺　真言宗　横浜市港北区新羽町
27成就院　真言宗　川崎市川崎区渡田
28金剛寺（高幡不動）　真言宗　東京都日野市高幡町

関西の場合、昭和五十四年に発足した「近畿三十六不動尊霊場」が存在している。範囲は近畿圏に限定されるが、宗派にはとらわれず、寺歴が比較的古く、しかも交通の便のよいところが選ばれている。

三十六という数は、不動明王眷属《けんぞく》三十六童子に因《ちな》み、さらにわれわれ人間の三十六種の基本的煩悩を、三十六か所のお寺に参詣することによって、消滅させ、幸福を招くとされている。

三十六か寺は、以下のようである。

1	四天王寺	和宗	大阪市天王寺区四天王寺
2	清水寺	和宗	大阪市天王寺区伶人町
3	法楽寺	真言宗	大阪市東住吉区山坂
4	京善寺	真言宗	大阪市東住吉区桑津
5	報恩院	真言宗	大阪市中央区高津
6	太融寺	真言宗	大阪市北区太融寺町
7	国分寺	真言宗	大阪市北区国分寺
8	不動寺	真言宗	大阪府豊中市宮山町
9	大龍寺	真言宗	神戸市中央区再度山《ふたたびさん》
10	無動寺	真言宗	神戸市北区山田町福地
11	鏑射《かぶらい》寺	真言宗	神戸市北区道場町生野
12	安岡《あんこう》寺	天台系単立	大阪府高槻市浦堂本町
13	大覚寺	真言宗	京都市右京区嵯峨大沢町
14	仁和寺	真言宗	京都市右京区御室《おむろ》大内

15蓮華寺	真言宗	京都市右京区御室大内
16三千院	天台宗	京都市左京区大原来迎院町
17曼殊院	天台宗	京都市左京区一乗寺竹ノ内町
18聖護院	本山修験宗	京都市左京区聖護院中町
19青蓮《しょうれん》院	天台宗	京都市東山区粟田口三条坊町
20智積《ちしゃく》院	真言宗	京都市東山区東瓦町
21中山寺	真言宗	兵庫県宝塚市中山寺
22北向山不動院	天台系単立	京都市伏見区竹田浄菩提院町
23醍醐寺	真言宗	京都市伏見区醍醐東大路町
24岩屋寺	曹洞宗	京都市山科区西野山桜ノ馬場町
25円満院	天台宗	大津市園城寺町
26無動寺	天台宗	大津市坂本本町無動寺谷
27明王院	天台宗	大津市葛川坊村町
28明王院	真言宗	大阪府寝屋川市成田西町
29宝山寺	真言宗	奈良県生駒市門前町
30如意輪寺	浄土宗	奈良県吉野郡吉野町吉野山

31龍泉寺	真言宗	奈良県吉野郡天川村洞川《どろがわ》
32滝谷不動明王寺	真言宗	大阪府富田林市彼方《おちかた》
33七宝滝《しっぽうりゅう》寺	真言宗	大阪府泉佐野市大木
34根来寺	真言宗	和歌山県岩出市根来
35明王院	真言宗	和歌山県伊都郡高野町高野山
36南院	真言宗	和歌山県伊都郡高野町高野山

現代の不動信仰

本章を閉じるにあたって、観音・地蔵のほとけたちと同様に、不動明王の現代における働きと意味を再確認しておきたい。

亡者の追善供養の必要性を強調した十三仏思想が成立して以後、多くのほとけたちは初七日忌から始まって三十三回忌に終わる十三の供養忌にあてられ、死者廻向《えこう》の役割を担わされてきた。不動明王も例外でなく、むしろ亡者を最初に導くほとけとして初七日忌を司っている。そのため、十三仏の掛け軸の代りに、不動明王の掛け軸を代表して喪中の間、本尊に祀るケースも見られる。

しかしながら、このような死者廻向のほとけとして不動明王は、僧侶側にはその意義を認識されていても、通常の人々には必ずしも知られていないようである。一般の大衆が考えている不動明王は、剣によって悪しきものを打ち破り、羂索によって言うことを聴かないものを捕え、現在のわれわれを救ってくださるほとけである。

確かに、観音菩薩もわれわれを温かく導いてくださるほとけである。けれども、観音菩薩は、ちょうど慈悲深い母親のごとく、無条件に救ってくださるのに対して、不動明王の場合は少し異なっている。不動明王は、単に甘い顔をするのではなく、襲いかかる諸々の災難に敢然と立ち向かい、また、もしわれわれの方が悪い時は、厳しく叱責して正しい道に導いてくださる。いわば、時には平手打ちをくらわせる厳父のような存在なのである。

このような不動明王のたくましい力を現代風に適応させたのが、交通事故という最も新しいタイプの災難への対策である。古代インドの観音諸難救済図の中に、難破船を助ける観音菩薩の姿があったが、この過酷な交通戦争の中にあっては、より強力な力を持った不動明王にその働きが求められたのもごく当然のことであろう。

現在、交通事故除けの不動明王といえば、成田山に代表される観があるが、力のほとけ不動明王がより幅広く力強い活躍をなされることを祈願したい。同じ交通戦争のほとけでも、地蔵菩薩の場合は、亡くなった犠牲者を弔うという過去を向いた一面があるのに対して、不動明王には、できるだけ災難を阻止しようとして現在、および未来を念頭においている点にも、同じ庶民のほとけとはいいながら、おのずと働きの相違が表れているのである。

ともあれ、他人の子供はおろか、自分の子供の過ちすら正せない風潮の現代、悪しきものに対する正しい怒りの意味をもう一度見直す必要があるのではなかろうか。

あとがき

近年、寺まいり、霊場めぐりが隠れたブームになっていると聞く。それには多くの要因があり、行楽的要素も当然含まれているが、自らの意志で直接関わることのできる仏教が民衆の根強い支持を受けていることはうなずけるだろう。はじめに触れたように、広義の仏教の表層構造を形成しているのは八万四千もあるという仏教の各種各様のすぐれた教えであるが、現実には、それら不可視的な教えを姿・形をとって具象化したほとけを通して人々が仏教にめぐり会う場合が少なくない。ほとけたちは、いわば「見える仏教」なのである。そのような民衆の生《なま》の声を代表する観音・地蔵・不動の三尊を取り上げ、各尊についてあらゆる観点からそのアウトラインに光をあててきたつもりである。

本書は、ほとけたちの姿や形（図像）を通して、仏教の展開の跡を再構成しようとする著者の試みの一つの足がかりとして要約したものである。もっとも、紙数の関係と著者自身の能力の不足のため、個々の問題については、今後のさらなる検討をまたねばならない学問的諸点も多いが、これまでまとめて対比されることのほとんどなかった庶民のほとけのビッグスリーを、まがりなりにも同じステージに登場させた点に本書の意義があるかも知れない。二十一世紀において、これらのほとけたちがわれわれとどのように関わってゆくかは、次代の仏教の課題であろう。

若輩の著者が、この領域において研究を続けることができたのは、京都大学インド学研究室の先生方の学恩によるところが大きいが、それに加えて仏教美術の権威者であられた故佐和隆研先生の温かい御導きを忘れることができない。元来、美術の専門家ではない私であったが、私どもの種智《しゅち》院《いん》大学が行ったラダック地方のチベット系仏教の現地調査の成果に注目され、インドの密教遺跡調査に御誘いいただいたのは昭和五十五年の初冬であった。この時の調査は従来の定説を覆すほどの画期的な大成功を収め、その成果の一部は本書にも収録されている。

残念なことに、佐和先生は昭和五十八年の年頭に急逝されたが、先生の主張された「新しい図像学」は本書でも基調となっているつもりである。ここに、本書を、故佐和先生、ならびに先生より少し早く遷化《せんげ》した拙父本信和尚の霊前に捧げたい。

おわりに、本書が世に出るにあたって、編集の労をとられた日本放送出版協会の田口汎・竹田俊明の両氏、および図版や校正などで御世話になった成田山新勝寺、醍醐寺、石山寺、朝護孫子寺、大安寺などならびに鳥越正道副学長をはじめとする種智院大学等の方々に厚く御礼申し上げる次第である。

昭和五十九年十月

著者しるす

参考文献

(a) 全般

佐和隆研『密教美術論』 便利堂 昭和三十年
佐和隆研編『仏像図典』 吉川弘文館 昭和三十七年
石田茂作『仏教美術の基本』 東京美術 昭和四十二年
速水 侑『平安貴族社会と仏教』 吉川弘文館 昭和五十年
松野純孝編『仏教行事とその思想』 大蔵出版 昭和五十一年
岩本 裕『仏教事典』 読売新聞社 昭和五十三年
速水 侑『菩薩』 東京美術 昭和五十七年
種智院大学インド・チベット研究会編『チベット密教の研究』 永田文昌堂 昭和五十七年

(b) 観音菩薩

後藤大用『修訂増補観世音菩薩の研究』 山喜房仏書林 昭和三十三年
逸見梅栄『観音像』 誠信書房 昭和三十五年
速水 侑『観音信仰』 塙書房 昭和四十五年
大法輪編集部編『観音さま入門』 大法輪閣 昭和五十六年

奈良国立博物館編『観音菩薩』同朋舎出版　昭和五十六年

(c)　地蔵菩薩

真鍋広済『地蔵尊の研究』富山房書店　昭和十六年
真鍋広済『地蔵菩薩の研究』三密堂書店　昭和三十五年
速水侑『地蔵信仰』塙書房　昭和五十年

(d)　不動明王

渡辺照宏『不動明王』朝日新聞社　昭和五十年
村岡空『煩悩を断つ　不動尊』佼成出版社　昭和五十四年
大法輪編集部編『不動さま入門』大法輪閣　昭和五十六年
京都国立博物館編『画像不動明王』同朋舎出版　昭和五十六年
成田山新勝寺・種智院大学密教学会編『総覧不動明王』法蔵館　昭和五十九年

図版提供（数字は掲載ページ）

ユニフォトプレス　17, 23, 25, 69, 225
ColBase　30, 95, 143, 159, 172, 267
聖林寺　33
フォトライブラリー　40, 108, 123, 177
葛井寺　63
大安寺　78
禅定寺　190
奈良国立博物館　214
善光寺　249
明王院　256
（公社）とやま観光推進機構　258
南院　277

本書の底本は、『庶民のほとけ　観音・地蔵・不動』（日本放送出版協会、昭和五十九年）です。文庫化にあたり、書名を改め、寺の住所や霊場の一覧を現在のものへと変更しました。

観音《かんのん》・地蔵《じぞう》・不動《ふどう》

庶民《しょみん》のほとけ

頼富本宏《よりとみもとひろ》

令和6年 7月25日　初版発行

発行者●山下直久

発行●株式会社KADOKAWA
〒102-8177　東京都千代田区富士見2-13-3
電話　0570-002-301(ナビダイヤル)

角川文庫 24255

印刷所●株式会社暁印刷
製本所●本間製本株式会社

表紙画●和田三造

ISBN 978-4-04-400829-1　C0115

◇◇◇

角川文庫発刊に際して

角川源義

第二次世界大戦の敗北は、軍事力の敗北であった以上に、私たちの若い文化力の敗退であった。私たちの文化が戦争に対して如何に無力であり、単なるあだ花に過ぎなかったかを、私たちは身を以て体験し痛感した。西洋近代文化の摂取にとって、明治以後八十年の歳月は決して短かすぎたとは言えない。にもかかわらず、近代文化の伝統を確立し、自由な批判と柔軟な良識に富む文化層として自らを形成することに私たちは失敗して来た。そしてこれは、各層への文化の普及滲透を任務とする出版人の責任でもあった。

一九四五年以来、私たちは再び振出しに戻り、第一歩から踏み出すことを余儀なくされた。これは大きな不幸ではあるが、反面、これまでの混沌・未熟・歪曲の中にあった我が国の文化に秩序と確たる基礎を齎らすためには絶好の機会でもある。角川書店は、このような祖国の文化的危機にあたり、微力をも顧みず再建の礎石たるべき抱負と決意とをもって出発したが、ここに創立以来の念願を果すべく角川文庫を発刊する。これまで刊行されたあらゆる全集叢書文庫類の長所と短所とを検討し、古今東西の不朽の典籍を、良心的編集のもとに、廉価に、そして書架にふさわしい美本として、多くのひとびとに提供しようとする。しかし私たちは徒らに百科全書的な知識のジレッタントを作ることを目的とせず、あくまで祖国の文化に秩序と再建への道を示し、この文庫を角川書店の栄ある事業として、今後永久に継続発展せしめ、学芸と教養との殿堂として大成せんことを期したい。多くの読書子の愛情ある忠言と支持とによって、この希望と抱負とを完遂せしめられんことを願う。

一九四九年五月三日

角川ソフィア文庫ベストセラー

山の宗教
修験道案内
五来 重

世界遺産に登録された熊野や日光をはじめ、古来崇められてきた全国九箇所の代表的な霊地を案内。日本の歴史や文化に大きな影響を及ぼした修験道の本質に迫り、日本人の宗教の原点を読み解く！

四国遍路の寺 (上)(下)
五来 重

弘法大師はなぜ修行の場として四国を選んだのか。山岳宗教以前にあった古代海洋宗教の霊場、海と陸の境を行き、岬で火を焚いた遍路修行。その本来の意味や歴史を明らかにし、古代日本人の宗教の原点に迫る。

宗教歳時記
五来 重

お正月に食べる餅が、大寺院の修正会へと繋がっていく――。歳時記の趣向で宗教にまつわる各地の年中行事を取り上げ、その基底に流れる日本古代の民俗と、祖先が大切に守ってきたものを解き明かした名著。

仏教と民俗
仏教民俗学入門
五来 重

祖霊たちに扮して踊る盆踊り、馬への信仰が生んだ馬頭観音、養蚕を守るオシラさま――。庶民に信仰され変容してきた仏教の姿を追求し、独自の視点で日本人の原型を見出す。仏教民俗学の魅力を伝える入門書。

高野聖
五来 重

高野山を拠点に諸国を遊行した高野聖。彼らはいかに民衆に根ざした日本仏教を広め、仏教の礎を支えてきたのか。古代末期から中世の聖たちが果たした役割と、日本宗教の原始性を掘りおこした仏教民俗学の名著。

角川ソフィア文庫ベストセラー

円空と木喰
五来　重

修験道の厳しい修行に身をおいた円空。旅を棲家とした木喰。作風は異なるが、独自の仏像・神像を造り上げ、人々から深く信仰された。ふたりの生活や境涯から、彼らの文学と芸術と芸能の本質に迫る。

鬼むかし
昔話の世界

五来　重

こぶとり、桃太郎、天邪鬼……「鬼むかし」は鬼が登場する昔話。仏教民俗学の泰斗が、綿密な現地調査と知見を活かし、昔話の根底に潜む宗教的背景を読み解く。怪異妖怪好き必携、「鬼」の起源に迫った金字塔。

先祖供養と墓
五来　重

「霊魂の恐れをどう処理するか、なお進んで死者の霊魂をどうして祭るか、どう供養するか、どう慰めるか、ここに宗教の原点がある」。丹念な現地調査に基づく民俗学の知見により、日本文化の本質に迫る名著。

日本人の仏教史
五来　重

日本人固有の宗教観や信仰のもとに成立した日本仏教。聖徳太子からはじまり、明治の排仏毀釈を経て現在に至るまで、一貫した流れは変わっていない。庶民の信仰という視点から、その歴史を捉え直す。

ブッダ伝
生涯と思想

中村　元

煩悩を滅する道をみずから歩み、人々に教え諭したブッダ。出家、悟り、初の説法など生涯の画期となった出来事をたどり、人はいかに生きるべきかを深い慈悲とともに説いたブッダの心を、忠実、平易に伝える。

角川ソフィア文庫ベストセラー

仏教語源散策

編著／中村　元

上品・下品、卍字、供養、卒都婆、舎利、荼毘などの仏教語から、我慢、人間、馬鹿、利益、出世など意外な日常語まで。生活や思考、感情の深層に語源から分け入ることで、豊かな仏教的世界観が見えてくる。

仏教経典散策

編著／中村　元

仏教の膨大な経典を、どこからどう読めば、その本質を探りあてられるのか。17の主要経典を取り上げ、読み、味わい、人生に取り入れるためのエッセンスを解き明かす。第一人者らが誘う仏教世界への道案内。

続　仏教語源散策

編著／中村　元

愚痴、律儀、以心伝心――。身近な日本語であっても、仏典や教義にその語源を求めるとき、仏教語の大海へとたどりつく。大乗、真言、そして禅まで、身近なことばの奥深さに触れる仏教入門、好評続篇。

東方の言葉

中　村　元

「自己を灯火とし、自己をよりどころとせよ」（大ニッバーナ経）。仏教・東洋思想の碩学が、自身が感銘をうけた60の至言を解説。宗派や既成宗教の制約をこえて心を揺さぶる、現代人が生きるための指針の書。

サンスクリット版縮訳　法華経　現代語訳

訳・解説／植木雅俊

法華経研究の第一人者によるサンスクリット原典からの精緻な訳、最新研究をふまえた詳細な解説と注を章ごとに収録した。全27章のストーリー展開をスムーズに現代語訳で読める法華経入門の決定版。

角川ソフィア文庫ベストセラー

サンスクリット版全訳 維摩経 現代語訳

訳・解説／植木雅俊

初期大乗仏典の代表的傑作で、戯曲的展開の面白さで親しまれてきた維摩経を、二〇世紀末に発見されたサンスクリット原典に依拠して全訳&徹底解説。もっとも読みやすい、維摩経入門の決定版！

マンダラを生きる

正木 晃

密教の基本から、空海が持ち帰った胎蔵界曼荼羅と金剛界曼荼羅について丁寧に説明。日本独自の発展を遂げた「宮曼荼羅」をはじめ、マンダラの鑑賞法を伝授。自己認識を深める「マンダラ塗り絵」も収載。

仏像の秘密を読む

山崎隆之

時を超え、私たちを魅了し続ける仏像。その背景には、素材との格闘から外観との調和まで、仏師たちの知られざる創意工夫があった。彼らの途方もない熱量と緻密な計算に、造形と技法の両面から迫る。

白描画でわかる仏像百科

香取良夫

釈迦如来、弥勒菩薩、弁財天——。仏や諸尊の数々を300点超の細密画で徹底紹介。仏像の形式別に分かりやすくジャンル分けし、見開き毎に図像と解説を収録。眺めるだけでも楽しい文庫オリジナルの入門百科。

図解 曼荼羅入門

小峰彌彦

空海の伝えた密教の教えを視覚的に表現する曼荼羅。大画面にひしめきあう一八〇〇体の仏と荘厳の色彩には、いかなる真理が刻み込まれているのか。豊富な図版と絵解きから、仏の世界観を体感できる決定版。

角川ソフィア文庫ベストセラー

仏教の思想 1
知恵と慈悲〈ブッダ〉
増谷文雄
梅原猛

インドに生まれ、中国を経て日本に渡ってきた仏教。多様な思想を蔵する仏教の核心を、源流ブッダに立ち返って解明。知恵と慈悲の思想が持つ現代的意義を、ギリシア哲学とキリスト教思想との対比を通じて探る。

仏教の思想 2
存在の分析〈アビダルマ〉
櫻部建
上山春平

ブッダ出現以来、千年の間にインドで展開された仏教思想。読解の鍵となる思想体系「アビダルマ」とは？ ヴァスバンドゥ（世親）の『アビダルマ・コーシャ』を取り上げ、仏教思想の哲学的側面を捉えなおす。

仏教の思想 3
空の論理〈中観〉
梶山雄一
上山春平

『中論』において「あらゆる存在は空である」と説き、論理全体を究極的に否定して根源に潜む神秘主義を肯定したナーガールジュナ（龍樹）。インド大乗仏教思想の源泉のひとつ、中観派の思想の核心を読み解く。

仏教の思想 4
認識と超越〈唯識〉
服部正明
上山春平

アサンガ（無着）やヴァスバンドゥ（世親）によって体系化の緒につき、日本仏教の出発点ともなった「唯識」。仏教思想のもっとも成熟した姿とされ、ヨーガとも深い関わりをもつ唯識思想の本質を浮き彫りにする。

仏教の思想 5
絶対の真理〈天台〉
田村芳朗
梅原猛

六世紀中国における仏教哲学の頂点、天台教学。法然・道元・日蓮・親鸞など鎌倉仏教の創始者たちは、最澄が開宗した日本天台に発する。豊かな宇宙観を湛える、天台教学の哲理と日本の天台本覚思想を解明する。

角川ソフィア文庫ベストセラー

仏教の思想6
無限の世界観〈華厳〉
鎌田茂雄
上山春平

律令国家をめざす飛鳥・奈良時代の日本に影響を与えた華厳宗の思想とは？　大乗仏教最大巨篇の一つ『華厳経』に基づき、唐代の中国で開花した華厳宗の複雑な教義をやさしく解説。その現代的意義を考察する。

仏教の思想7
無の探求〈中国禅〉
柳田聖山
梅原猛

『臨済録』などの禅語録が伝える「自由な仏性」を輝かせる偉大な個性の記録を精読。「絶対無の論理」や「禅問答」的な難解な解釈を排し、「安楽に生きる知恵」という観点で禅思想の斬新な読解を展開する。

仏教の思想8
不安と欣求〈中国浄土〉
塚本善隆
梅原猛

日本の浄土思想の源、中国浄土教。法然、親鸞の魂を震撼し、日本に浄土教宗派を誕生させた善導の魅力、そして中国浄土教の基礎を創った曇鸞のユートピア構想とは？　浄土思想がもつ人間存在への洞察を考察。

仏教の思想9
生命の海〈空海〉
宮坂宥勝
梅原猛

「弘法さん」「お大師さん」と愛称され、親しまれる弘法大師、空海。生命を力強く肯定した日本を代表する宗教家の生涯と思想を見直し、真言密教の「生命の思想」「森の思想」「曼荼羅の思想」の真価を現代に問う。

仏教の思想10
絶望と歓喜〈親鸞〉
増谷文雄
梅原猛

親鸞思想の核心とは何か？　『歎異抄』と「悪人正機説」にのみ依拠する親鸞像を排し、主著『教行信証』を軸に、親鸞が挫折と絶望の九〇年の生涯で創造した「生の浄土教」、そして「歓喜の信仰」を捉えなおす。

角川ソフィア文庫ベストセラー

仏教の思想 11
古仏のまねび〈道元〉

高崎直道
梅原　猛

日本の仏教史上、稀にみる偉大な思想体系を残した禅僧、道元。その思想が余すところなく展開された正伝仏法の宝蔵『正法眼蔵』を、仏教思想全体の中で解明。大乗仏教思想の集大成者としての道元像を提示する。

仏教の思想 12
永遠のいのち〈日蓮〉

紀野一義
梅原　猛

「古代仏教へ帰れ」と価値の復興をとなえた日蓮。永遠のいのちを説く「久遠実成」、宮沢賢治に数多の童話を書かせた「山川草木悉皆成仏」の思想など、日蓮の生命論と自然観が持つ現代的な意義を解き明かす。

ひらがなで読むお経

編著／大角　修

般若心経、一枚起請文、光明真言、大悲心陀羅尼ほか、二三の有名経文を原文と意訳を付した大きな「ひらがな」で読む。漢字や意味はわからなくてもすらすら読める、「お経の言葉〈小事典〉」付きの決定版。

全品現代語訳　法華経

訳・解説／大角　修

「妙法蓮華経」八巻に「無量義経」「観普賢菩薩行法経」を加えた全十巻三十二品。漢訳経典のもつ霊的なイメージを重視し、長大な法華経を最後まで読み通せるよう現代語訳。小事典やコラムも充実した決定版。

全文現代語訳　浄土三部経

訳・解説／大角　修

日本の歴史と文化に深く浸透している「浄土三部経」（無量寿経、観無量寿経、阿弥陀経）全文を改行や章題・小見出しによる区切りを設け、読みやすく現代語訳。「浄土教の小事典」を付した入門書。

角川ソフィア文庫ベストセラー

全品現代語訳 大日経・金剛頂経
訳・解説／大角 修

真言密教の二大根本経典の思想性を重視しつつ、親しみやすく全品を現代語訳。『秘密曼荼羅十住心論』など真言宗開祖・空海の主著をはじめ、豊富なコラムや図版、小事典も充実した文庫オリジナルの画期的な入門書。

全文現代語訳 維摩経・勝鬘経
訳・解説／大角 修

聖徳太子による日本最初の経典注釈書「三経義疏」で知られる「維摩経」「勝鬘経」は、徹底した在家主義が説かれ、日本仏教の出発点となった。わかりやすい口語訳と豊富なコラムで読み解く、画期的な入門書！

知っておきたい仏像の見方
瓜生 中

仏像は美術品ではなく、信仰の対象として仏師により造られてきた。それぞれの仏像が生まれた背景、身体の特徴、台座、持ち物の意味、そして仏がもたらす救いとは何か。仏教の世界観が一問一答でよくわかる！

知っておきたい般若心経
瓜生 中

わずか二六二文字に圧縮された、この経典には何が書かれていて、唱えたり写経するとどんなご利益が得られるのか。知っているようで知らない般若心経を読み解き、一切の苦厄を取り除く悟りの真髄に迫る。

知っておきたい日本の名僧
瓜生 中

最澄、空海、法然、親鸞、日蓮、一遍、栄西、一休、道元。日本人なら誰もが知っている名僧たち。独自の教義へ辿りつくまでの道筋とその教えをコンパクトに解説。名僧たちを通して仏教の理解が深まる！

角川ソフィア文庫ベストセラー

無心ということ　鈴木大拙

無心こそ東洋精神文化の軸と捉える鈴木大拙が、仏教生活の体験を通して禅・浄土教・日本や中国の思想へと考察の輪を広げる。禅浄一致の思想を巧みに展開、宗教的考えの本質をあざやかに解き明かしていく。

新版 禅とは何か　鈴木大拙

宗教とは何か。仏教とは何か。そして禅とは何か。自身の経験を通して読者を禅に向き合わせながら、この究極の問いを解きほぐす名著。初心者、修行者を問わず、人々を本格的な禅の世界へと誘う最良の入門書。

日本的霊性 完全版　鈴木大拙

精神の根底には霊性（宗教意識）がある——。念仏や禅の本質を生活と結びつけ、法然、親鸞、そして鎌倉時代の禅宗に、真に日本人らしい宗教的な本質を見出す。日本人がもつべき心の支柱を熱く記した代表作。

仏教の大意　鈴木大拙

昭和天皇・皇后両陛下に行った講義を基に、キリスト教的概念や華厳仏教など独自の視点を交え、困難な時代を生きる実践学としての仏教、霊性論の本質を説く。『日本的霊性』と対をなす名著。解説・若松英輔

東洋的な見方　鈴木大拙

英米の大学で教鞭を執り、帰国後に執筆された、大拙自ら「自分が到着した思想を代表する」という論文十四編全てを掲載。東洋的な考え方を「世界の至宝」と語る、大拙思想の集大成！　解説・中村元／安藤礼二

角川ソフィア文庫ベストセラー

華厳の研究
鈴木大拙
杉平顗智＝訳

仏の悟りの世界はどのようなものか。どうすればそこに至ることができるのか。鈴木大拙が人生最後の課題として取り組んだもの、それが華厳教の世界であった。安藤礼二氏による解説も付して再刊する、不朽の名著。

禅と日本文化　新訳完全版
鈴木大拙
碧海寿広＝訳

禅は悟りの修行であり、水墨画、剣術、武士道、俳句、茶道など、日本の文化や生活のあらゆる領域に浸透している。欧米に禅を広め、大きな影響力をもった大拙の代表作。その全体像を日本語訳した初の完訳版。

般若心経講義
高神覚昇

『心経』に込められた仏教根本思想『空』の認識を、その否定面「色即是空」と肯定面「空即是色」の二面から捉え、思想の本質を明らかにする。日本人の精神文化へと誘う、『般若心経』の味わい深い入門書。

新版　歎異抄　現代語訳付き
訳注／千葉乗隆

愛弟子が親鸞の教えを正しく伝えるべく、直接見聞した発言と行動を思い出しながら綴った『歎異抄』。人々を苦悩から救済することに努めた親鸞の情念を、わかりやすい注釈と口語訳で鮮やかに伝える決定版。

真釈　般若心経
宮坂宥洪

『般若心経』とは、心の内面の問題を解いたものではなく、具体的な修行方法が説かれたものだった！　経典成立当時の古代インドの言語、サンスクリット語研究が導き出した新解釈で、経典の真実を明らかにする。